知识问答

八路军研究会 编

学习出版社

图书在版编目（CIP）数据

大抗战知识问答 / 八路军研究会编. -- 北京：
学习出版社，2023.12
ISBN 978-7-5147-1241-4

Ⅰ．①大…　Ⅱ．①八…　Ⅲ．①抗日战争－中国－
青少年读物　Ⅳ．①K265.09

中国国家版本馆CIP数据核字(2023)第219625号

大抗战知识问答
DAKANGZHAN ZHISHI WENDA

八路军研究会　编

责任编辑：李　岩
技术编辑：刘　硕
装帧设计：美　威

出版发行：学习出版社
　　　　　北京市崇外大街11号新成文化大厦B座11层（100062）
　　　　　010-66063020　010-66061634　010-66061646
网　　址：http://www.xuexiph.cn
经　　销：新华书店
印　　刷：北京市密东印刷有限公司

开　　本：710毫米×1000毫米　1/16
印　　张：14.25
字　　数：185千字
版次印次：2023年12月第1版　2023年12月第1次印刷

书　　号：ISBN 978-7-5147-1241-4
定　　价：58.00元

如有印装错误请与本社联系调换，电话：010-67081356

编 委 会

前　言

　　中国抗日战争，是1840年鸦片战争以来中国人民反侵略斗争史上最辉煌的民族解放战争。这场战争的胜利，改写了中国近代以来因外敌入侵而被迫割地赔款、丧权辱国的历史，捍卫了中华民族数千年的文明成果，为中华民族的复兴奠定了坚实的基础，充分显示了中华民族有同侵略者血战到底的英雄气概，有在自力更生的基础上光复旧物的决心，有自立于世界民族之林的能力。

　　抗日战争胜利的历史说明，中国人民能够在亡国灭种的危境中开辟出民族奋起的新道路，中华民族具有无限的生命力。中国共产党高举抗日民族统一战线旗帜，实行人民战争的抗战路线和方针政策，领导中国人民争取民族独立和解放，率领人民抗日武装力量坚持持久抗战，是全民族团结抗战的中流砥柱。

　　为了更好地学习抗日战争历史，弘扬伟大的抗战精神和爱国主义精神，八路军研究会组织编写了《大抗战知识问答》。书中对中国14年抗战历史中的重大历史事件、重要战役战斗和主要历史人物、抗日英烈都作了简明扼要的介绍和解读。全书通俗易懂，有助于读者在短时间内全面、完整地了解和学习中华民族14年血与火的抗战历史，是一部宣传和弘扬中华民族不屈不挠的奋斗精神和伟大的爱国主义精神、抗战精神的重要辅助读物。

编者

2023年11月

目 录

★ ★ ★ ★ ★

CONTENTS

★ 日本为什么要发动侵华战争?

中国抗日战争是中国人民反抗日本帝国主义侵略的自卫战争,是中华民族奋起抵御外侮的民族解放战争。这场战争的爆发不是偶然的,是近代日本长期推行对外侵略扩张的"大陆政策"的必然结果。

日本"大陆政策",是日本用战争手段侵略、吞并中国、朝鲜等大陆国家的对外侵略扩张政策,也是近代日本的既定国策。1868年明治维新后,具有深厚军事封建传统的日本,效法西方,"脱亚入欧",实行资本主义改革,在促进近代化发展的同时,迅速走上对外侵略扩张的军国主义道路,制定了"大陆政策"。其核心是:第一步侵占中国的台湾;第二步征服朝鲜;第三步侵占中国的东北和内蒙古;第四步征服全中国;第五步征服全亚洲,达到称雄世界的终极目标。从此,日本开始对外侵略扩张,把"大陆政策"付诸实施。

1874年,日本侵犯中国台湾,随后又强行将中国的藩属国琉球并入日本版图,从而为推行大陆政策迈出了重要的一步,完成了对华战略试探。1894年,日本借口朝鲜事端,发动了侵华的甲午战争。这是日本推行大陆政策的重大步骤。日本迫使战败的清政府签订《马关条约》,强占了台湾全岛及所有附属岛屿和澎湖列岛等中国领土,勒索巨额战争赔款和一系列在华特权,使日本挤进了帝国主义列强的行列,成为东方的一霸,使中国陷于被帝国主义列强疯狂瓜分的境地。

1900年八国联军侵入中国,日本出兵最多,并通过强迫清政府签订的《辛丑条约》,获得了在中国京、津等地的驻兵权。此后,日本又通过 1904—1905 年在中国东北发动的日俄战争，打败俄国，夺取了俄国在中国东北南部的权益，并在东北境内陆续建立起一套完整的殖民统治机构和侵华武装关东军。1914 年第一次世界大战爆发后，日本帝国主义乘西方列强无暇东顾之机，借口对德宣战，强夺胶济铁路，攻占青岛，夺取了德国在中国山东的特权。1915 年日本公然向中国袁世凯政府提出独霸中国的"二十一条"。

1927 年 6 月，日本内阁召开东方会议，炮制《田中奏折》，制定了日本新"大陆政策"："惟欲征服中国，必先征服满蒙，惟欲征服世界，必先征服中国。"其核心是把东北从中国分离出去。

此后，日本加快实施新大陆政策的步伐，又两次出兵山东，并相继制造了"济南惨案"和"皇姑屯事件"。特别是 1930 年席卷资本主义世界的经济危机涉及日本后，为了摆脱危机，日本更是迫不及待地准备发动对华战争。1931 年 6 月，日军确定了《解决满洲问题方案大纲》，制定了有关侵略中国东北的方针、步骤和措施，并确定将"采取军事行动"。1931 年 9 月 18 日，日本制造了震惊中外的九一八事变，发动了长达 14 年之久的侵华战争。

★ 中国战场为什么是世界反法西斯战争的东方主战场

中国抗日战争是世界反法西斯战争的重要组成部分，中国战场是世界反法西斯战争的东方主战场，对彻底战胜日本法西斯起到了决定性作用。在这场正义与邪恶、光明与黑暗的殊死搏斗中，中国人民和世界反法西斯力量结成统一战线，相互支援、相互配合，终于打败了侵略者。中国抗日战争从一开始就具有拯救人类文明、保卫世界和平的重大国际意义。在世界反法西斯战争中，中国抗日战争开始时间最早，持续时间最长，抗击日军最多，付出代价最大，发挥了不可替代的巨大作用。

第一，中国首先揭开世界反法西斯战争的序幕。日本率先发动侵略战争，悍然武装侵略中国东北，打破第一次世界大战后欧美列强确立的凡尔赛—华盛顿体系，在世界东方形成第一个战争策源地。九一八事变的炮声向世界宣告，日本点燃了世界法西斯侵略战争的第一把战火。当西方主要国家对日本的侵略行动实行妥协纵容政策时，中国人民已然高举反法西斯侵略的旗帜，奋起抵抗，打响了反法西斯战争的第一枪，揭开了世界反法西斯战争的序幕。直至战争在欧洲爆发，中国已独立进行了 8 年抗战；到太平洋战争爆发时，中国独立抗战则已持续了 10 年之久。

第二，中国开辟世界第一个大规模反法西斯战场。1937 年 7 月 7 日，日本发动卢沟桥事变，开始了以灭亡全中国为目标的全面侵华战争，中国人民展开全国性抗日战争，在世界东方首先开辟了大规模反法西斯战场。中日全面战争的爆发，是法西斯与反法西斯的矛盾上升为世界主要矛盾的表现，实际上也是第二次世界大战的起点。它对世界产生了牵动全局乃至改变格局的影响。苏、美、英等国均以不同方式加入中日战争中来。中国人民持续进行了 8 年全国抗战，直至第二次世界大战结束。

第三，中国始终抗击着日本陆军主力，制约着日本的"北进"和"南进"，保障了同盟国"先欧后亚"大战略的实施。在第二次世界大战中，中国战场抗击和牵制了日本绝大部分陆军兵力和部分海空力量，使其陷入长期战争的泥潭而不能自拔。中国的持久抗战遏止了日本侵犯西伯利亚的北进计划，使苏联得以避免东西两线作战；牵制和推迟了日本进攻东南亚的南进计划，致使日军被迫背着中国战场的沉重包袄南进。从而粉碎了日本与德、意法西斯会师中东和西伯利亚、称霸全球的战略图谋，有力地配合与策应了其他战场的反法西斯战争。

第四，中国积极倡导和推动世界反法西斯统一战线的建立，并为创建联合国和建设战后世界新秩序作出历史性的贡献。中国是世界上最早遭受法西斯侵略的国家，也是建立国际反法西斯统一战线的积极倡导者和有力推动者。中国在世界东方率先建成抗日民族统一战线，并为建立国际反法西斯统一战线进行了长期不懈的努力。当日本发动太平洋战争时，中国加强与美、英、苏等盟国的战略协调，促成国际反法西斯统一战线的正式建立，从而为取得战争的最后胜利创造了条件。战争后期，中国又参与联合国的创建，成为联合国安理会5个常任理事国之一，为彻底打败法西斯和建立战后世界新秩序，发挥了重大作用。

中国战场作为世界反法西斯的东方主战场，不仅对日本法西斯的彻底覆灭起到决定性作用，而且对夺取世界反法西斯战争的胜利、维护世界正义与进步事业也产生了深远影响。

★ 中国抗日战争历史是怎样划分的？

中国抗日战争从1931年开始到1945年结束，经过了14年艰难曲折的历程。

14年的抗日战争包括局部抗战和全国抗战两个时期。从1931年九一八事变开始到1937年卢沟桥事变（又称七七事变）之前为局部抗战时期；从1937年卢沟桥事变到1945年抗战胜利为全国抗战时期。

局部抗战时期：1931年9月18日至1937年7月6日，是抗日战争的局部抗战阶段。日本帝国主义制造九一八事变，利用蒋介石的不抵抗政策，在短短 4 个多月里，侵占了中国东北全境。之后，又挑起一二八事变，向上海发动进攻，驻上海的中国第 19 路军奋起抵抗达 1 个月之久，使日本侵略军受到沉重打击。自 1933 年 1 月至 1937 年 7 月 6 日，日本帝国主义继武装占领中国东北后，又向华北扩张，制造华北事变，进而加速进行全面侵华战争准备。中国守军在华北与日军展开激战，中国抗日救亡运动高涨。

全国抗战时期：1937 年 7 月 7 日至 1945 年 9 月，是抗日战争的全面抗战阶段。这一时期又可以分为 3 个阶段。

1937 年 7 月 7 日至 1938 年 10 月，是抗日战争的战略防御阶段。卢沟桥事变标志着日本帝国主义妄图将中国变为其独占的殖民地的全面侵华战争的开始。中国掀起了全国性的反对日本侵略的民族解放战争。在此期间，国民党军队在正面战场上顽强抵抗，与日寇浴血奋战。国民政府先后组织了淞沪会战、太原会战、徐州会战、武汉会战等 4 次大规模会战，这些大会战极大地消耗了日军的作战实力和精锐部队，中国军队以空间换时间，粉碎了日军迅速灭亡中国的图谋，使抗战进入对中国有利的战略相持阶段。自武汉会战后，日军再无力发起大规模的战略进攻。与此同时，八路军、新四军开辟了广阔的敌后战场，放手发动群众，壮大人民武装力量。

1938 年 10 月到 1943 年 7 月，是抗日战争的战略相持阶段。日本帝国主义占领武汉后，开始改变策略，对国民党采取政治诱降为主，军事打击为辅的方针。汪精卫集团投敌叛国，在日本的扶持下建立了伪中央政权。国民党顽固派加剧了“反共磨擦”活动。中国共产党坚持团结抗战、反对妥协和分裂的方针，敌后战场逐步上升为抗日战争的主要战场。太平洋战争爆发后，美国对日宣战，世界反法西斯阵营正式形成。中国战场成为世界反法西斯战争的东方主战场，牵制了日军的大量兵力，使其既不能北上进攻苏联，亦不能西进进攻印度。国民党坚持一党专政，大发国难财，使其统治日趋腐朽。共产党领导敌后抗日军民度过了抗战中最困难的阶段。

1943 年 7 月至 1945 年 9 月，是抗日战争的战略反攻阶段。这是在世界反法西斯战争发生根本转折和日军逐渐失去战略主动权的形势下进行的。中国对日战略反攻包括局部反攻和全面反攻两个阶段。从 1943 年 7 月开始，以华北敌后的卫南、林南战役和山东军区的攻势作战为标志，八路军揭开了局部反攻的序幕。1944 年 5 月，中国驻印军和远征军在缅北、滇西也开始反攻作战，赢得了美英盟国的巨大赞誉。但蒋介石国民党政府继续奉行消极抗战、积极反共及保存实力的避战方针，致使拥有数百万军队的正面战场严重失利，造成豫湘桂战役的大溃败。豫湘桂战役的溃败激起了全国人民的强烈愤慨，引发了民主运动的新高潮。中国共产党提出成立民主联合政府的主张，获得全国人民的热烈响应。1945 年 8 月，美国在日本本土先后投掷了两颗原子弹，苏联出兵中国东北。国民党军和共产党领导的武装进行战略反攻。日本帝国主义于 8 月 15 日宣布无条件投降。

中国抗日战争取得了伟大胜利。中国人民对世界反法西斯战争的胜利作出了巨大牺牲和贡献，中国跻身世界四大国之列，国际地位大大提高。

★九一八事变的来龙去脉

　　1931 年 9 月 18 日，日军制造九一八事变，至 1932 年 2 月侵占中国东北三省。日本的这一侵华行动，既是侵略中国的局部战争的开始，同时也点燃了世界法西斯战争的第一把战火。

　　独占中国东北，是日本实现其大陆政策及称霸亚洲和世界的重要步骤。早在 1894 年中日甲午战争中，日本就武装侵入中国东北。1905 年日俄战争后，日本进一步加快对中国东北的侵略步伐，不仅在帝国主义列强争夺中国东北的角逐中取得优势地位，而且使东北成为它最大的原料供应地和资本输出地。

　　第一次世界大战后，日本在华扩张受到了英美列强的遏制，中国的北伐战争使中国趋于统一，日本在华利益受到削弱。这促使日本政府调整对华政策，加快吞并中国东北地区的步伐。1927 年 6 月，日本首相田中义一主持召开"东方会议"，确立了"把满洲从中国本土分裂出来，置日本势力之下"的侵略方针。1931 年 6 月，日本军部正式确立了《解决满洲问题方案大纲》，规定在必要时对中国东北"采取军事行动"，并加紧战争准备。20 世纪 30 年代初，世界经济危机爆发，日本经济遭受沉重打击，陷入极端困境。在内外交困的情况下，日本法西斯势力决意突破凡尔赛—华盛顿体系的束缚，趁英美忙于应付经济危机、中国国民政府忙于反共内战之际，夺取中国东北，以摆脱困境，并图谋争霸世界。

　　1931 年 9 月 18 日 22 时 20 分，在日军关东军的预谋下，其独立守备队一部炸毁沈阳柳条湖附近日本修筑的南满铁路路轨（史称柳条湖事件），并栽赃嫁祸于中国军队。日军以此为借口，炮轰沈阳北大营。接着，在爆炸点以北 3000 米待命的日军独立守备队向北大营中国驻军发起攻击。九一八事变爆发。在蒋介石的不抵抗命令下，中国东北军驻北大营第 7 旅未能组织有效抵抗。至次日清晨，日军相继占领北大营和沈阳。

之后，日军关东军分 3 个阶段实施攻占东北的计划。第一阶段，从 1931 年 9 月 19 日至 9 月底，日军以沈阳为中心向四周扩张，席卷辽宁、吉林两省，先后占领城市 30 余座。第二阶段，从 1931 年 10 月至 1932 年 1 月初，日军以辽宁、吉林两省为基地，先后向北满和辽西进军。黑龙江省中国守军马占山部先后在嫩江桥头和三间房等地组织防御，给日伪军以沉重打击，但终因寡不敌众而撤退。日军随后占领了齐齐哈尔和辽西锦州等地。第三阶段，1932 年 2 月 2 日，日军转兵进攻哈尔滨。3 天后，哈尔滨陷落。

日军用短短 4 个多月的时间，占领了中国东北三省全境，为其后向关内实施全面侵华战争取得了前进基地，并利用投靠日本的前清废帝溥仪，于 1932 年 3 月 1 日在东北建立了伪满洲国，开始了对东北人民长达 14 年之久的奴役和殖民统治。9 月 18 日因此被中国人民视为"国耻日"。

九一八事变是日本帝国主义长期以来推行对华侵略扩张政策的必然结果，也是企图把中国变为其独占的殖民地而采取的重要步骤。日本此举是第一次世界大战后首次以武力重新瓜分世界的重大行动，标志着东方战争策源地的正式形成。

★ 东北义勇军抗战

东北义勇军是九一八事变后东北各族各阶层人民、部分爱国官兵和绿林武装等自发组织起来的各种抗日武装的统称。

义勇军的成分极其复杂，其中农村各阶层群众占一半以上，原东北军官兵及公安警察约占 1/4，绿林武装约占 1/5，知识分子和工人、商人、地主、绅士等约占 5%。东北义勇军遍及东北各地，较为著名的有黑龙江抗日救国军、吉林救国军、中国国民救国军、东北民众救国军和东北民众抗日义勇军等。

其经历大体分三大阶段：第一阶段自 1931 年九一八事变至 1932 年伪满洲国成立，为东北义勇军的兴起阶段；第二阶段自 1932 年 3 月至 1932 年 7 月，为东北义勇军的迅猛发展阶段，至 1932 年 4 月，东北三省义勇军总数已发展至 30 万人以上；第三阶段自 1932 年 8 月至 1933 年年初基本解体，为东北义勇军坚持最后斗争阶段。

其主要代表人物有马占山、李杜、苏炳文、王德林、李延禄、黄显声、王凤阁、冯占海等。其著名的抗日作战有黑龙江省代主席、代军事总指挥马占山率部进行的江桥抗战，歼敌千余人；东北军第 24 旅旅长李杜、吉林卫队团团长冯占海等率部进行的哈尔滨保卫战；东北民众抗日救国军总指挥王德林、参谋长兼补充团团长李延禄进行的镜泊湖连环战；辽宁省政府委员、警务处处长黄显声率部进行的辽西和锦州地区保卫战；等等。

在东北三省 154 个县中，有义勇军进行抗日斗争和活动的达 93 个县，占 60.4%。他们袭击日伪军据点，破坏铁路、桥梁。东北抗日义勇军的斗争，牵制了大量日军，打击了日本侵略者的嚣张气焰。

至 1933 年春，在日军重兵进攻下，缺乏集中统一领导、没有明确政治纲领和严格组织纪律的东北抗日义勇军严重受挫，其中伤亡 13 万人左右，溃散 7 万余人，退入苏联和热河 3 万余人，尚有 4 万余人分散在东北各地坚持抗日斗争，其中一部分加入了中国共产党领导的抗日游击队。

★ 东北抗日联军抗战

东北抗日联军是中国共产党最早创建和领导的东北各族人民的抗日武装。后来，东北抗日联军开辟的东北敌后战场，与八路军、新四军、华南人民抗日游击队分别所在的华北、华中、华南敌后战场并称为"四大敌后战场"。

九一八事变后，中国共产党独立领导东北人民抗日武装斗争经历了反日游击队、东北人民革命军、东北抗日联军等几个阶段。

1931 年九一八事变后，东北三省人民和爱国志士，在中共满洲省委及各特委、县委领导下，纷纷组织武装，抗击日本侵略者。自 1932 年，先后建立起南满、海龙、延吉、和龙、珲春、汪清、珠河、密山、宁安、汤原、饶河等抗日游击队。

从 1934 年年底到 1936 年 1 月，先后建成东北人民革命军第 1 军至第 6 军。东北人民革命军的不断壮大和抗日游击战争的发展，给东北各地人民抗日武装力量提出了加强联合、统一编制、统一指挥的客观要求。1935 年 6 月 3 日，中共驻共产国际代表团发来的《给满洲负责同志秘密指示信》和随后以中共中央名义发表的《八一宣言》，对于推动东北抗日统一战线的发展，促进东北抗日联军的建立，起到了积极作用。1936 年 2 月 20 日，以杨靖宇、王德泰、赵尚志、周保中等人的名义发表了《东北抗日联军统一军队建制宣言》，将东北人民革命军各军改编为东北抗日联军第 1 军至第 6 军，新建第 7 军。其军长分别是杨靖宇、王德泰、赵尚志、李延禄、周保中、夏云杰、陈荣久。之后，又将工人、农民自发武装和抗日义勇军、自卫军分别编为第 8 军至第 11 军。其军长分别是谢文东、李华堂、汪雅臣、祁致中。

1936 年 3 月中共满洲省委撤销，先后成立中共南满、吉东、北满省委，东北抗联分别归三省省委领导。1936 年 6 月东北抗日联军第 1 路军成立，下辖第 1、第 2 军；1938 年 1 月东北抗日联军第 2 路军成立，下辖第 4、第 5、第 7、第 8、第 10 军；1939 年 5 月东北抗日联军第 3 路军成立，下辖第 3、第 6、第 9、第 11 军。东北抗日联军最多时总兵力达 3 万余人。但由于日伪军连续残酷的"讨伐"，东北抗日联军各部队损失很大，杨靖宇、王德泰、魏拯民、赵尚志等主要领导人相继在战斗中牺牲。

从 1940 年起，将各路军编为支队。一部分人员在国内坚持小群分散游击战争，一部分人进入苏联伯力、双城子，建立北野营、南野营，进行整训。1942 年 8 月 1 日，南北野营合并组成东北抗联教导旅，共1000 余人。

1945 年 7 月下旬，教导旅派出数百名干部战士先后在牡丹江等战略要点实施空降，以配合苏军即将出兵中国东北歼灭日军关东军的战略行动。8 月 18—24 日，教导旅又派出人员，参加苏军对中国东北各大城市和朝鲜平壤的空降。8 月下旬，参加夺取战略要点的作战。9 月中旬，东北抗联教导旅扩建为东北人民自卫军，周保中任总司令兼政治委员。到 10 月下旬，部队发展到 4.8 万人。10 月 31 日，与挺进东

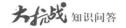

北的八路军、新四军合编为东北人民自治军。

在长达 14 年的抗日战争中，东北抗日联军在极其困难条件下，在东北地区广泛开展游击战争，同日伪军作战数千次，诸如 1936 年冬进行的"冰趟子"伏击战、1937 年进行的五道岗伏击战等，歼灭和牵制了大量敌人，挫败和打破了日伪军上百次"讨伐"，开辟了南满、吉东和北满三大游击区，使游击区域扩大到 70 余个县，严重威胁着日本侵略者对东北的殖民统治，阻滞日军全面侵华进程，推动全国的抗日救亡运动；阻止日军"北进"，支援苏联的反法西斯战争；抗日战争后期协助苏军出兵中国东北，先机抢占了 57 个大中城镇；为歼灭日军关东军、收复东北、夺取中国抗日战争和世界反法西斯战争的胜利作出了重要贡献。

★ 一二八淞沪抗战

一二八淞沪抗战，即中国军队于 1932 年 1 月 28 日至 3 月 3 日抗击日军进犯上海的作战，又称一二八事变。

日本为了转移欧美国家对其侵占中国东北、制造伪满洲国的注意力，迫使国民政府承认其占领中国东北的既成事实，并企图把上海变成其侵略中国内地的桥头堡，策划对中国最大的沿海城市上海发起突然进攻。

早在 1931 年 11 月，日本就开始在上海寻衅挑事，制造战端。日本驻上海公使馆助理武官田中隆吉与女间谍川岛芳子密谋，于 1932 年 1 月 18 日唆使日僧向中国三友实业社总厂的工人义勇军投石挑衅，与工人发生互殴。日本随即以此为借口，促使事态升级，纵火焚烧三友实业社，煽动千余日侨集会游行，要求日本总领事和海军陆战队出面干涉。日方还向上海市当局提出道歉、惩凶、赔偿、解散抗日团体和中国军队撤出闸北等无理要求。与此同时，日本加紧调兵备战，于28日晚突袭闸北。

1932年1月28日23时30分，日本海军第1遣外舰队司令官盐泽幸一指挥海军陆战队数千人，在20余辆装甲车掩护下，兵分3路，突袭闸北，攻占天通庵车站和上海火车北站。中国第19路军在总指挥蒋光鼐、军长蔡廷锴的指挥下奋起抵抗，在市区巷战数日，夺回了失地，粉碎了日军第一次总攻。盐泽幸一被撤职。日军败退租界，通过英美等国领事馆调停，缓兵待援。

2月7日，日军增调新编第3舰队和陆军混成第24旅团等部增援上海，并以第3舰队司令官野村吉三郎接替盐泽幸一为总指挥，向吴淞、江湾发起进攻。蒋光鼐、蔡廷锴也急调第60、第61师入沪参战。中国守军依托吴淞要塞及蕴藻浜水网地带与日军展开激战，消灭了进攻纪家桥、曹家桥及偷渡蕴藻浜的日军。日军再次退缩租界，并增调第9师团援沪，师团长植田谦吉接任总指挥。中国方面则派请缨抗日的张治中率第5军驰援。

2月20日，日军再次发起总攻，以第9师团主攻江湾、庙行接合部，企图北与第24旅团围攻吴淞，南与海军陆战队合围闸北。中国第19路军和第5军密切配合，从左右翼夹击突入江湾、庙行之敌。经6昼夜激战，日军连遭重创，被迫停止进攻。中国军队粉碎了日军第三次总攻。

到2月底，上海日军已增至9万人，而中国军队经过1个月的苦战，兵力仅剩4万人。在双方兵力装备力量十分悬殊的情况下，中国军队腹背受敌且孤立无援，未能抵挡住日军的第4次进攻，于3月1日晚间被迫撤出战场。

一二八淞沪抗战，中国第 19 路军与第 5 军并肩作战，在广大人民群众以及海外华侨的大力支持下，经过一个月的艰苦奋战，以装备简陋之师和伤亡 1.4 万人的代价，连续击退装备精良的日军 3 次进攻，迫使日军 3 次易帅，数次增兵，死伤逾万，使侵华日军遭到九一八事变以来最沉重的打击。虽然中国方面于 5 月 5 日与日本签订了丧权辱国的《上海停战协定》，但是，中国军队所表现出的高度爱国热情和抗日救国的英勇牺牲精神，在中华民族抗日战争史上写下了光辉的一页。

★ 中华苏维埃共和国临时中央政府对日宣战

1932 年 4 月 26 日，中华苏维埃共和国临时中央政府发表通电，对日宣战。

1931 年 9 月 18 日，九一八事变，日军武装入侵中国东北，张学良 20 多万东北军却执行蒋介石"攘外必先安内"的不抵抗政策，致使中国东北被日军占领。而此时，蒋介石却纠集 30 万兵力对赣南、闽西中央红军进行第三次"围剿"。

正在进行反"围剿"作战的中国共产党和中央红军，在民族危亡之际，率先提出武装抗日、一致对外和建立抗日民族统一战线的主张。

九一八事变后，毛泽东、朱德、贺龙、彭德怀等联名发表《中国工农红军为日本帝国主义侵占满洲告白军士兵兄弟书》，揭露蒋介石对日军的不抵抗政策，号召白军士兵投身革命，加入红军，共同抗日。

1932 年 1 月 28 日，日本侵略军进攻上海，国民党驻军第 19 路军广大官兵在全国人民要求抗日的影响下，出于民族义愤，违抗国民党政府的命令，奋起抵抗。

在蒋介石国民党政府对日妥协退让政策下，中国共产党和中华苏维埃政府最先对日宣战。4月15日，毛泽东代表中华苏维埃共和国临时中央政府发表《对日战争宣言》，指出："中华苏维埃共和国临时中央政府特正式宣布对日战争，领导全中国工农红军和广大被压迫民众，以民族革命战争，驱逐日本帝国主义出中国，反对一切帝国主义瓜分中国，以求中华民族彻底的解放和独立。"表明中华苏维埃共和国临时中央政府对日作战，争取中华民族解放和独立的严正立场。

★ 长城抗战

长城抗战是1933年3月至5月，中国军队在冷口、喜峰口、界岭口、罗文峪、古北口等长城沿线抗击侵华日军进攻的作战。

东北沦陷后，日本把侵略矛头指向中国华北广大地区。日军于1933年1月1日和3月3日先后占领山海关和承德后，为了迫使中国承认长城是所谓中满边界线，达到把东北三省和热河从中国版图上分割出去的目的，随即以8万人的兵力和数万伪军分头向长城各口推进。面对严峻局势，国民党政府不敢再不抵抗，决定调整作战部署，沿长城一线布防，以阻挡日军前进。中方参战部队包括原属冯玉祥的西北军、原属张学良的东北军及蒋介石嫡系中央军，共13个军，约25万人。另有部分抗日义勇军。军政部部长何应钦奉命兼代北平军分会委员长，直接指挥长城抗战。

19

长城抗战于3月上旬首先在冷口打响，接着扩展到东段各隘口。日军在坦克、飞机、大炮的火力支援下，向长城一线进犯。中国军队在冷口、界岭口、喜峰口、罗文峪、古北口等长城主要关口，与日军展开激烈争夺，阻止了日军攻势。特别是在3月中旬的喜峰口、罗文峪战斗中，第29军官兵以有我无敌的英雄气概，手持大刀，拼死肉搏，予日军以大量杀伤，打出了中国军队的威风。其间，日军的各路分兵受挫，在某些局部战场，中国军队还取得了战术上的胜利，夺回了一些失地。

3月底以后，长城抗战的形势开始逆转。日军为了向中国施加重压，同时配合其特务机关对旧军阀的策反活动，以便在华北扶植所谓亲日政权，决定越过长城线，向滦东地区进攻。随后，日军以主力猛攻冷口方向。由于该地中国守军仅有1个师兵力，且战线过长，分兵把口，至4月11日防线终被日军突破。日军跟踪追击，于17日占领滦东地区。4月20日夜，日军又向南天门发动进攻，中国守军3个师轮番上阵抵抗，血战8昼夜后奉命转移，南天门被日军占领。

由于策反活动失败，建立傀儡政权的企图落空，日军于5月上旬再次越过长城，从东、西两线向冀东地区发起开战以来规模最大的进攻。此刻国民政府已对长城抗战失去信心，不再增兵前线，欲谋求与日本妥协。长城守军得不到有力的支援，奋战两个多月，被迫撤离长城各口。5月31日，中国国民政府与日本签订丧权辱国的《塘沽协定》，导致整个华北地区的门户洞开。

长城抗战是九一八事变后中国军队在华北进行的第一次较大规模的抗击日本侵略的战役。广大爱国官兵英勇奋战近3个月，给骄横一时的日军以沉重打击，振奋了全国的人心。长城抗战虽然失败了，但也阻止并延缓了日本侵略华北的进程。而卖国条约《塘沽协定》的签订，则遭到举国一致的强烈抨击，更加激发了全国人民抗日救亡运动的高涨。

★ 察哈尔抗战

　　察哈尔抗战是在中国共产党的推动、帮助下，由冯玉祥、吉鸿昌、方振武等爱国将领于 1933 年在华北北部察哈尔（旧省名，在北京西北部，今分属河北、内蒙古、山西等地）组织部队进行的抗日斗争。

　　1933 年 4—5 月，日军在进犯长城地区的同时，纠集伪军先后侵占察东重镇多伦、沽源，察省全境行将不保。国民党爱国将领冯玉祥自九一八事变后就一直反对蒋介石的不抵抗政策，谋求同共产党合作，并决定以抗日为号召重新聚集旧部，开创局面。1933 年 5 月 26 日，会集到张家口的各部队和各界代表召开察哈尔省民众御侮救亡大会，正式宣布成立察哈尔民众抗日同盟军，一致推举冯玉祥为总司令。在冯玉祥的整训下，同盟军战斗力提高，短时间内发展到 10 万人。为了收复失地并阻止日军进犯，6 月 20 日，冯玉祥任命吉鸿昌为北路前敌总指挥，率军克日北上；接着又任命方振武为北路前敌总司令，加强对北征的统一指挥。

　　1933 年 6 月 22 日，抗日同盟军开始向察哈尔和热河的日伪军展开进攻，至 7 月 1 日，已相继收复康保、宝昌、沽源，随后又乘胜发起收复多伦的战斗。多伦为察东的重镇，既是冀、察、蒙之间的交通枢纽，又是塞外商业中心和军事要地，日本把它视为攻掠察绥两省的战略要点。

　　1933 年 7 月 7 日 23 时，同盟军由吉鸿昌指挥分路向多伦发动进攻，经 5 天激战，光复多伦。这是局部抗战以来中国军队首次从日伪军手中收复失地的壮举。多伦之役结束后，察东 4 县全部收复，日军遭受沉重打击，给中国民众带来希望。各地抗日组织、爱国团体和爱国人士纷纷致电祝贺。

但是，察哈尔民众抗日同盟军的成立及其抗日斗争违背了国民党政府对日妥协和"攘外必先安内"政策，于是，国民党政府一方面分化瓦解抗日同盟军，另一方面调集重兵准备对其实施武力镇压。自7月上旬起，国民党军兵分3路进逼张家口，对同盟军形成封锁包围态势。此时，日军两个旅团及伪军一部共2万余人乘机向察哈尔边境移动，进攻多伦。在此情况下，冯玉祥被迫于8月5日通电全国，宣布将察省军政大权交国民党政府任命的察哈尔省主席宋哲元，随后撤销抗日同盟军总部，离开张家口。遭到分裂的抗日同盟军余部1万余人，在方振武、吉鸿昌的率领下，继续高举抗日同盟军旗帜，转战于热河、长城一带。到10月中旬，该部在北平近郊遭到日军和国民党军的联合进攻，损失殆尽。方振武被迫流亡香港，吉鸿昌后被国民党政府逮捕，英勇就义。

察哈尔民众抗日同盟军的崛起，是冯玉祥等爱国官兵响应中国共产党团结抗日号召，进行联合抗日的一次有益尝试，是中国爱国将领冲破国民党政府对日妥协政策而进行的一次抗日壮举，得到主张抗日的各派政治势力及广大民众的支持和称赞。这次尝试虽然失败了，但同盟军将士将近半年的英勇奋战，打击了日军的侵略气焰，鼓舞了各界民众的爱国热情，推动了全国的抗日运动。

★ 华北事变

华北事变，即日本企图把华北从中国分离出去，于1935—1936年在华北地区通过逼签协定、扶植"自治"政权和经济侵略等手段，逐步攫取华北主权的一系列行径，其中包括"河北事件"及《何梅协定》，"张北事件"及《秦土协定》，"华北五省自治运动""冀察政务委员会"和"内蒙独立"等。

日本以武力夺取东北三省和热河后，又以武力威胁、政治谋略和经济侵略相配合的手段，开始了名为"华北自治"，实为侵吞华北的新步骤，企图把华北变为第二个"满洲国"。

1935 年 5 月 29 日，日军中国驻屯军借口中国军队援助东北抗日义勇军余部进入滦东"非武装区"和天津两名亲日报社社长被暗杀，即所谓"河北事件"，向北平军分会代委员长何应钦提出关于中国军政机构退出平津地区，罢免河北、天津政府官员，中国军队撤出河北等无理要求。7 月 6 日，经汪精卫同意，何应钦复函日军中国驻屯军司令官梅津美治郎，表示日方所提各事均承诺之。这份以复函形式达成的协议，史称《何梅协定》。

与此同时，日本又在察哈尔省挑起"张北事件"。6 月 11 日，日本借口 6 天前潜入察哈尔境内偷绘地图的 4 名关东军特务机关军人，在张北县被中国驻军拘留（第二天释放）而受到恐吓，向中方提出抗议和蛮横要求：撤退中国驻军、解散抗日武装、与日"满"合作等。国民政府再次屈服，于 6 月 27 日指派察哈尔省政府民政厅厅长、第 29 军副军长秦德纯与日军沈阳特务机关长土肥原贤二，以换文形式订立了《秦土协定》。

《何梅协定》和《秦土协定》的签订，使中国丧失了包括北平、天津在内的河北、察哈尔两省的大部分主权，标志着日本侵略河北、察哈尔新局势的形成。一时间华北部分地区出现权力真空，日本乘机加快分离华北的步伐，加紧进行以平津卫戍司令宋哲元为重点对象的上层策变活动。其主要步骤是以军事讹诈为后盾，紧锣密鼓地开展"华北五省自治"（河北、山东、山西、察哈尔、绥远）运动，以扶植通县汉奸殷汝耕傀儡政权"冀东防共自治委员会"和策划内蒙古西部地区独立等处入手,最终胁迫宋哲元"自治"。在日本的持续压力下,经过日军、宋哲元、南京政府之间一系列的讨价还价,12月18日,在北平正式成立了既保存南京中央政府和宋哲元的体面,又有一定"自治"之实的冀察政务委员会。该委员会是日本侵略和蒋介石集团对日妥协的产物,导致冀、察两省变相"自治",华北主权陷入严重危机。1936年5月12日,伪蒙古军政府于化德县嘉卜寺成立。这是继伪满洲国之后,日本在中国扶植的又一个地区性傀儡政权,是日本侵略内蒙古地区的工具。

华北事变是日本侵略中国、称霸世界的一个重要步骤,虽一时得逞,但遭到中国人民的坚决反对。华北事变导致中日民族矛盾上升为主要矛盾,成为国共两党由对峙到联合的重要契机,为国共两党第二次合作的实现提供了可能,并推动中国抗日救亡运动进一步高涨。

★ 绥远抗战

绥远抗战,是绥远省政府主席兼第35军军长傅作义于1936年11—12月率部在绥远发起的抗击日伪军进攻的作战。

绥远省位于内蒙古西部,是贯通华北、西北,连接内蒙古与外蒙古的重点战略地带。日本认为,控制这一地区,北可向苏联出击,南可下华北腹地。为此,日军1935年夏即制定了以政治谋略和军事进攻两手并用夺取绥远省的计划。之后,日军关东军参谋长板垣征四郎、中国驻屯军司令官多田骏等人纷纷对绥远当局进行威逼利诱。同时,日军帮助内蒙古德王傀儡政权加紧编练伪蒙古骑兵，策动匪首王英组织"西北防共自治军"（后称"大汉义军"），分别集结于察、绥边境各要地，并多次发动试探性进攻。

日益紧张的绥远形势，引起全国各界的关注。国民政府也对日伪军的企图采取了比较强硬的态度。傅作义拒绝来自日方的威逼利诱，坚持严正的民族立场，并得到各方支持。

1936年11月15日晨，日伪军5000余人，在野炮、装甲车、飞机掩护下，向红格尔图中国守军阵地发起猛烈攻击。日军企图在侵占绥东门户红格尔图以后，直破绥远省会归绥。傅作义亲赴集宁前线指挥作战。经7天7夜激战，红格尔图中国守军顽强抵抗，打退了日伪军的进犯，摧毁了日伪军指挥所，缴获大量军用物资。

红格尔图初战告捷，傅作义决定主动出击，以远距离奔袭战术，积极收复日伪军盘踞的绥北重地百灵庙。11月24日0时，傅作义命令所部向百灵庙地区守敌发起猛攻。日本平绥铁路特务机关长胜岛角芳亲自督战，企图以十几挺机枪的猛烈火力阻止突击部队前进。经9个小时激战，中国军队全歼日伪军1300余人，一举收复百灵庙。12月3日，傅作义部又粉碎了日伪军4000余人对百灵庙的反扑，再歼敌700余人。12月9日，傅作义部又乘胜克复另一个战略要地大庙（锡拉木楞庙），20余名日本顾问被击毙。面对傅部的强大攻势，伪军王英部所属两个旅于12月7日举义反正。傅作义部三战三捷，肃清了绥远境内的伪军，挫败了日军西侵绥远，建立"蒙古国"的图谋。

绥远抗战是中国军队自1933年长城抗战以来第一次取得的完全胜利。在日本步步进逼、南京国民政府步步退让、中国民众抗日愿望长期遭受压抑的情况下，极大地振奋了中国人民的抗战热情。社会各界掀起了一场轰轰烈烈的援绥抗战热潮。傅作义将军的壮举，符合中国共产党号召"停止内战、共同抗日"的一贯主张，得到了中国共产党的高度赞誉。

★ 《八一宣言》

1935年8月1日，根据民族危机加深的形势和共产国际第七次代表大会关于建立反法西斯统一战线的精神，中共驻共产国际代表团在莫斯科草拟了《中国苏维埃政府、中国共产党中央为抗日救国告全体同胞书》，10月1日在法国巴黎出版的《救国报》上正式发表。通常被称为《八一宣言》。

《八一宣言》的主旨是要求停止内战，建立反法西斯统一战线，共同对抗日本帝国主义侵略。宣言深刻分析了中日民族矛盾，响亮地提出了"抗日救国"的口号，号召无论各党派间在过去和现在有任何政见和利害的分歧，无论各界同胞间有任何意见上或利益上的差异，无论各军队间过去和现在有任何敌对行动，大家都应当有"兄弟阋于墙外御其侮"的真诚觉悟，都应当"停止内战，以便集中一切国力（人力、物力、财力、武力等）去为抗日救国的神圣事业而奋斗"。宣言所主张的抗日联合，已不再局限于过去与国民党某些军政人员订立协定、停止冲突、互相联合，而是进一步提出建立"全国统一的国防政府"，组织"全中国统一的抗日联军"等。针对国共分歧，宣言郑重宣布："只要国民党军队停止进攻苏区行动，只要任何部队实行对日抗战，不管过去和现在他们与红军之间有任何旧仇宿怨，不管他们与红军之间在对内问题上有任何分歧，红军不仅立刻对之停止敌对行为，而且愿意与之亲密携手共同救国"。这表明中国共产党的政治策略开始发生新的转变。

《八一宣言》反映了全国人民团结一致、抗日救国的强烈愿望，适应了抗日救国的新形势，因而在国内得到广泛传播。宣言反映出的中国共产党全力抗日的政治立场和豁达坦诚的负责精神，在国民党内产生积极影响，进一步唤起广大爱国将士的爱国热情。不少有识之士开始转变对中国共产党和红军的立场，萌生了再度与共产党携手合作、共同抗日的愿望。《八一宣言》的发表，标志着中国共产党建立抗日民族统一战线的策略基本形成，有力地鼓舞和推动了抗日救亡运动的发展。

★ 一二九运动

1935 年 12 月 9 日，北平发生了由中国共产党领导的大规模学生爱国运动，史称一二九运动。

九一八事变后，日本占领了中国东北，接着又向华北发动了新的侵略。1935 年下半年，日本制造华北事变，进一步控制察哈尔，并指使汉奸殷汝耕在冀东成立傀儡政权。国民党政府继续坚持不抵抗政策，准备于 12 月成立冀察政务委员会，以迎合日本提出的"华北政权特殊化"要求。国民党政府的这一卖国行径激起全国人民的愤怒。12 月初，中共领导的北平学联召开代表大会，决定以实际行动表达抗日救亡的意志，发动全市学生进行反对"华北自治"、反对成立冀察政务委员会、反对日本侵略的大请愿。

1935 年 12 月 9 日，在中共北平临时工作委员会的领导下，北平爱国学生 6000 余人，聚集在新华门前，向国民党北平当局请愿。学生们提出的反对"防共自治"等抗日民主要求被拒绝后，他们举行了声势浩大的抗日救国示威游行，高呼"停止内战，一致对外""打倒日本帝国主义""反对华北自治"等口号。国民党政府出动大批军警镇压，30多人被捕，100余人受伤。10日，北平学联决定各校学生举行总罢课。在"冀察政务委员会"计划成立的12月16日，北平学生来到天桥，举行3万余人的市民大会，通过了"不承认冀察政务委员会""反对华北任何傀儡组织""收复东北失地"等决议案。会后，学生和各界群众数万人再次举行示威游行，迫使冀察政务委员会延期成立。

北平学生的抗日救亡风暴迅速席卷全国各地，并得到社会各界的广泛响应和支持。杭州、广州、武汉、天津、南京、上海等地相继举行游行示威。许多地方的工人举行罢工，爱国人士和爱国团体纷纷要求停止内战，出兵抗日。北平学生的爱国行动，得到了全国学生的响应和全国人民的支持，形成了全国人民抗日民主运动的新高潮，推动了抗日民族统一战线的建立。

一二九运动公开揭露了日本帝国主义侵略中国、并吞华北的阴谋，打击了国民党政府的妥协投降政策，极大地促进了中华民族的觉醒，广泛地发动了群众，使中国共产党提出的"停止内战，一致抗日"的主张成为广大人民的共同呼声，推动了全国抗日救亡运动的高涨。一二九运动中的先进知识青年，走上与工农相结合的道路，为民族解放事业培养了一大批骨干力量，为即将到来的全国抗战做了重要的舆论、政治和干部准备。正如毛泽东所指出的，一二九运动"是抗战动员的运动，是准备思想和干部的运动，是动员全民族的运动""有着重大的历史意义"。

★ 西安事变

西安事变，是张学良和杨虎城于 1936 年 12 月 12 日在中国西安扣押蒋介石实行"兵谏"的行动，又称"双十二事变"。

在日本侵吞中国东三省、向关内进逼、制造华北事变的形势下，中华民族危机日益深重，全国抗日救亡运动蓬勃发展，国民党内部的抗日呼声高涨。国民党政府对日政策也在发生重要变化，由软弱趋于强硬，由妥协改为抵制。但是，蒋介石仍未放弃"攘外必先安内"的方针。1936 年 10 月，蒋介石亲赴西安，逼迫东北军司令张学良和西北军第 17 路军军长杨虎城率部"剿共"，并调集重兵准备进攻陕甘地区。在中共抗日民族统一战线政策的感召下，张学良、杨虎城不愿与红军再开战端，在反复劝说蒋介石无果的情况下，张学良、杨虎城决心实行"兵谏"，以逼蒋介石放弃"剿共"政策，实行联共抗日的新方针。

1936 年 12 月 12 日凌晨 5 时，在张学良、杨虎城的指挥部署下，东北军一部包围华清池，扣留了蒋介石；第 17 路军同时控制西安城，软禁了从南京来的几十名国民党军政要员。当天，张学良、杨虎城和西北军高级将领联名通电全国，提出以"停止内战、一致抗日"为主旨的 8 项主张。震惊中外的西安事变爆发。

西安事变使南京国民党政府陷入混乱，当晚即召开中央常务委员会、中央政治委员会联席会议，决定由孔祥熙代理行政院院长，军政部部长何应钦负责指挥调动军队"扫荡叛逆"，褫夺张学良本兼各职，交军事委员会严办。以宋子文、宋美龄为首的一派，则顾虑蒋介石的安全，主张用和平方式解决西安事变，同时积极展开营救蒋介石的活动。

中国共产党在对国际国内的政治形势进行正确分析之后，确定了和平解决西安事变的基本方针，主张用和平方式解决西安事变引起的问题，反对新的内战；同时还主张用一切方式联合南京国民党政府的左派，争取中派，反对亲日派，以推动南京国民党政府走向抗日。

南京国民党政府在了解了张学良、杨虎城和中国共产党希望和平解决事变的态度后，于12月22日正式派出谈判代表宋子文、宋美龄到西安。应张学良的邀请，中共中央派周恩来作为全权代表参加了谈判，并为事变的和平解决做了大量卓有成效的工作。

经过两天的商谈，12月24日，双方达成了"停止剿共"，一致抗日的6项协议。当晚，周恩来会见蒋介石，当面向蒋介石说明中国共产党抗日救国的政策。蒋介石表示同意谈判议定的6项条件，允诺"只要我存在一日，中国决不再发生反共内战"。至此，历时14天的西安事变获得和平解决。

西安事变是中国抗日战争史上的"分水岭"。它打破了日本期望中国发生新的内乱，以便趁火打劫的如意算盘；促成了第二次国共合作，显示了中华民族的团结与觉醒，为实行全民族抗战准备了必要前提，成为中国从长期内战走向全民族抗日战争的转折点。

第二部分

全国抗战

★ 卢沟桥事变的爆发

卢沟桥事变，即 1937 年 7 月 7 日日本侵略军在河北宛平卢沟桥制造事端挑起战火，中国守军奋起抵抗的事件，又称七七事变、七七抗战。

日本从 1931 年九一八事变侵占中国东北以来，便一直以东北为基地准备全面侵华战争。1935 年日本策划华北五省自治阴谋失败后，开始考虑以武力征服华北，对全面侵华战争做出周密计划和准备。1936 年 8 月，日军参谋本部制定了完整的对华作战计划，按照对华"全面战争""占领要地""确保占领"的指导思想，提出在中国华北、华中、福建、广东沿海等地区的兵力部署及使用。为此，日军加紧备战部署，在华北地区大力增兵，从东、西、北三面包围了北平，并进行一系列军事演习，伺机挑起战端。

1937 年 7 月 7 日 19 时 30 分，驻丰台的日军中国驻屯军在卢沟桥中国守军驻地附近举行所谓军事演习。深夜零时许，日本驻北平特务机关长松井太久郎电话通知中国冀察当局，声称日军在卢沟桥演习时失踪 1 名士兵，要求进入北平西南的宛平县城（今卢沟桥镇）搜查。中国冀察当局拒绝了日方的搜查要求及其随后提出的中国驻军后退、日军进至城内谈判等无理要求。7 月 8 日 5 时 30 分，日军即炮轰宛平城，向卢沟桥的中国守军发起进攻。中国守军第 29 军第 37 师第 219 团团长吉星文率部奋起还击。中国全国抗战爆发。

中国守军和日军在卢沟桥展开激战，驻守在卢沟桥北面的一个连仅 4 人生还，余者全部壮烈牺牲。龙王庙、五里店、卢沟桥火车站等阵地被日军占领。8 日晚，中国守军第 110 旅进行反击，由西苑及长辛店夹击宛平城外日军，一举夺回失去阵地，全歼侵占卢沟桥火车站的日军。同时，日本开始与中方进行停火谈判，9 日晨达成双方撤军停火的协议。但实际上，日本并不打算执行停火协议，而是趁机增派大批援军。7 月下旬，日军集结就绪，开始向河北地区及天津、北平大举进攻。第 29 军副军长佟麟阁，第 132 师师长赵登禹先后战死疆场。7 月底，北平、天津相继沦陷。

日本发起卢沟桥事变，悍然发动了全面侵略中国的战争，点燃了第二次世界大战的战火。同时，卢沟桥事变也揭开了中国人民伟大的全民族抗日战争的帷幕。从此，中国各族人民在国共合作为基础的抗日民族统一战线的旗帜下，同仇敌忾，共赴国难，同日本侵略者展开殊死抗争，在世界东方开辟了第一个大规模的反法西斯战场。

★ 抗日民族统一战线形成

中国抗日民族统一战线，是以国共两党合作为基础的，全国各族人民、各民主党派、各爱国军队、各阶层爱国人士以及海外华侨参加的团结抗日的全民族统一战线。

从 1931 年九一八事变开始，特别是 1935 年华北事变，充分暴露了日本帝国主义企图独霸中国，变中国为其独占的殖民地的野心，中日民族矛盾逐渐上升为主要矛盾。卢沟桥事变爆发后，在中华民族生死存亡的危急关头，国共两党进一步调整政策，迅速走向正式合作，为全民族抗日民族统一战线的建立打下基础。

从九一八事变日本侵占我国东北后，中国共产党就为建立以国共合作为基础的抗日民族统一战线进行了长期不懈的努力，多次呼吁各党派摒弃前嫌，共同抗日。特别是在 1935 年 8 月 1 日，中国共产党发表了《中国苏维埃政府、中国共产党中央为抗日救国告全体同胞书》，即《八一宣言》，号召各党派停止内战，一致对外，建立抗日民族统一战线。12 月 25 日，中共中央政治局在陕北瓦窑堡举行会议，通过《中央关于目前政治形势与党的任务决议》，正式确立了中国共产党关于抗日民族统一战线的基本政策。1936 年 5 月，中华苏维埃人民共和国临时中央政府和中国红军革命军事委员会发表了《停战议和一致抗日通电》，声明愿意与一切进攻红军的武装部队停战议和，一致抗日。8 月 25 日，中国共产党中央委员会致书中国国民党，提议国共两党结成抗日统一战线。1936 年 12 月，西安事变得到和平解决，迫使国民党政府停止了内战，这标志着抗日民族统一战线的初步形成。

1937 年 2 月中共中央致电国民党五届三中全会，提出实行国共合作共同抗日的 5 项要求和 4 项保证。国民党五届三中全会通过了实际上接受中国共产党关于国共两党合作抗日的决议案。1937 年 7 月卢沟桥事变后，中共中央将《中国共产党为公布国共合作宣言》送交蒋介石，同时向全国郑重声明：取消红军名义及番号，改编为国民革命军。该宣言再次显示中共以民族利益为重，促成国共两党正式合作抗日的诚意。在中国共产党和全国人民的推动下，1937 年 9 月 22 日，国民党中央通讯社发表了中国共产党的宣言。次日，蒋介石发表《对中国共产党宣言的谈话》，指出团结御侮的必要，认为"此次中国共产党发表之宣言，即为民族意识胜过一切之例证"，事实上承认了中国共产党的合法地位。至此，中国共产党倡导的以国共合作为基础的抗日民族统一战线正式形成。

抗日民族统一战线的建立是大势所趋，人心所向，是中国共产党顺应历史潮流采取正确政策的结果，也是与中国国民党方针政策的转变分不开的。它受到全国各族人民、各民主党派和爱国民主人士的欢迎，在大敌当前的紧急关头，产生了巨大的民族凝聚力。它标志着中国全民族的空前觉醒。从此，中国人民反对日本侵略的战争，在抗日民族统一战线的旗帜下，进入了一个全民族抗战的崭新阶段。

★ 洛川会议内容及意义

1937年，全国抗战爆发后，战局急剧变化。日本侵略军于7月底占领平津地区，8月中旬，又在华北的平绥铁路东段和华中的上海地区展开新的战略进攻。但是，国民政府在日军大规模战略进攻面前，仍不愿发动民众和改革政治。

在此紧迫的形势下，为推动全国抗战的顺利发展，1937年8月22—25日，中国共产党在陕西省洛川县城北红军指挥部驻地冯家村召开了中共中央政治局扩大会议，史称洛川会议。会议制定了动员全民族一切力量，争取抗战胜利的全面抗战路线。

出席会议的有毛泽东、张闻天、周恩来、朱德等中央政治局委员和各方面主要负责人共23人。张闻天主持会议。毛泽东代表政治局作了军事问题和国共两党关系问题的报告，深刻地分析了中国革命的形势，指出抗日战争将是艰苦的持久战，提出了党在抗日战争时期所采取的政治路线和基本方针，是动员一切力量争取抗战的最后胜利，使全国抗战发展为"全面的全民族的抗战。只有这种全面的全民族的抗战，才能使抗战得到最后胜利"。关于军事问题，报告指出红军在国内革命战争中已经发展为能够进行运动战的正规军。但在新的形势下，必须把过去的正规军和运动战变为分散使用的游击军和游击战。红军的战略方针是：独立自主的山地游击战，包括在有利条件下集中兵力消灭敌人兵团，以及向平原发展游击战争。游击战争的作战原则是分散以发动群众，集中以消灭敌人，打得赢就打，打不赢就走。关于国共关系问题，报告强调在抗日民族统一战线中，我们要坚持独立自主，保持高度的警惕性。红军的活动，只能由我们自己决定。

会议通过了《关于目前形势与党的任务的决定》和著名的《抗日救国十大纲领》，决定"动员一切力量争取抗战的胜利"，把党的工作重心放在战区和敌后，在敌后放手发动群众，开展独立自主的游击战争，开辟敌后战场，建立敌后抗日根据地。

洛川会议决定成立中国共产党革命军事委员会，由毛泽东、朱德、周恩来、彭德怀、任弼时、叶剑英、张浩、贺龙、刘伯承、徐向前、林彪11人组成。毛泽东为中央军委主席，朱德、周恩来为中央军委副主席。

洛川会议是中国共产党在抗日战争全面爆发的历史转折关头召开的一次重要会议。这次会议指出了国共两党两条不同的抗战路线的原则区别，确立了我军在敌后放手发动独立自主的游击战争、利用游击战争配合正面战场、开辟敌后战场、建立敌后抗日根据地的战略任务，正确地指导了党和军队实行由国内战争到民族战争、由正规战到游击战的战略转变，为实现党对抗日战争的领导权和为争取抗日战争的胜利奠定了政治思想基础，指明了正确道路。会议确立的全面全民族抗战路线和持久战战略总方针，为动员和指导全国人民以弱国打败强国，准备长期抗战，争取抗日战争最后胜利指明了方向。

★ 国民政府的《战争指导方案》

《战争指导方案》是中国国民政府于 1937 年 8 月 20 日颁发的大本营训令。

卢沟桥事变发生后，国民政府军事委员会多次召开应急商讨会，分析研究日本进攻的形式，确定应对日军全面侵华战争的大政方针。为了推动和促进全国抗战战略总方针的正确制定，1937 年 8 月上旬，应邀出席国民政府召开的南京国防会议的中共代表周恩来、朱德、叶剑英在会上提出：全国抗战在战略上要实行持久防御，在战术上应采取攻势；一线临战战区适时由阵地战转为运动战，同时在日军之翼侧的后方组织民众开展游击战，破坏敌人的交通运输，牵制和消灭敌人。中国共产党的上述方针、原则及其战法，对国民政府军事委员会制定全国抗战方略产生了积极影响。

1937 年 8 月 18 日，蒋介石正式宣布持久抗战的作战原则。他在《告抗战全体将士书》中指出："倭寇要求速战速决，我们就要持久战消耗战。"8 月 20 日，国民政府军事委员会以大本营训令的形式颁发了《战争指导方案》，依据中国幅员广大、人口众多，可以支持长期战争之说，正式确定"以'持久战'为基本主旨"，"以空间换取时间，逐次消耗敌人，以转变形势，争取最后胜利"，即实行"持久消耗战略"。其基本思想是："利用我优势之人力与广大国土，采取持久消耗战略，一面消耗敌人，一面培养国力，俟机转移攻势，击破敌人，争取最后胜利。"其主要内容包括：实行以空间换时间的战略思想；实行消耗战的战略原则；实行内线固守、分兵把口的作战方针。

《战争指导方案》是在国共两党共识的基础上，国民政府正式形成的中国抗日战争实行持久战的战略总方针。它表明国民党在一定程度上认识到实行持久消耗战略的重要性及其对争取抗战最后胜利的可能性，对当时的抗日战争指导起到一定的积极作用。但由其片面抗战路线和保守落后的军事思想所决定，国民党不可能实行真正意义上的全民族抗战和持久战。

★ 国民党的《抗战建国纲领》

《抗战建国纲领》是国民党于 1938 年 3 月制定的一份指导抗战的纲领性文件。

全国抗战爆发后，经过最初几个月的浴血奋战，中国军队给日军以很大打击，粉碎了日本迅速占领中国的企图。但是，随着战争的深入，正面战场的战绩差强人意；以汪精卫为首的降日暗流日趋表面化，蒋汪矛盾日渐加深；国共两党在抗日基点上的合作虽然建立起来了，但国民党整个体制"大体上都是十年来的一套，没有起变化"。这一切已无法适应抗日新形势的发展并影响到对抗日战争的战略指导。国共合作后，中共曾多次吁请国民党制定共同纲领。1937 年年底南京失守后，国民党内部和全国各界人士纷纷呼吁国民党制定全国上下一致遵守的政治纲领。迫于全国人民的压力，蒋介石于 1938 年 3 月 29 日在汉口召开国民党临时全国代表大会，检查全国抗战以来的工作，确定了政治路线等问题，制定并通过了《抗战建国纲领》。

《抗战建国纲领》除前言以外，分为总则、外交、军事、政治、经济、民众运动、教育 7 项，共 32 条，对抗日的诸多方面都扼要作出纲领性的决议。其要点是：本独立自主之精神，联合世界上同情于我之国家及民族，为世界之和平与正义共同奋斗；联合一切反对日本帝国主义侵略之势力，制止日本侵略；充实民众武力，在敌人后方发动普遍的游击战；改善各级政治机构，严惩贪官污吏；改善人民生活，发展农村经济；严禁奸商垄断居奇，有钱者出钱，有力者出力，对于汉奸严行惩办；改订教育制度及教材，推行战时教程；等等。特别是规定了"加紧全国军队之政治训练，使全国官兵明了抗战建国之意义，一致为国效命；训练全国壮丁，充实民众武力，并训练华侨抗战；指导及援助各地武装人民，与正式军队共同抗战，并在敌后发动普遍的游击战"，反映出全国抗战初期国民党主张积极抗日的决心。

《抗战建国纲领》在如何抗战和争取最后胜利的主导思想上是进步的，是国民党自西安事变后被迫放弃"攘外必先安内"的误国政策、走向全国抗日以来所制定得比较好的一个纲领，其所确定的抗战路线，对于指导和推动全国抗战具有积极的作用。然而，由于国民党的阶级和历史局限性，该纲领也反映了单纯依靠政府和军队，而不依靠人民群众的片面抗战路线。因此，《抗战建国纲领》是一个具有两重性的纲领，既表现了当时国民党在抗日问题上进步的一面，又反映了国民党害怕发动和武装群众实行全面抗战以及对日妥协动摇的一面。

★ 毛泽东的《论持久战》

《论持久战》一书，是毛泽东于 1938 年 5 月 26 日至 6 月 3 日在延安抗日战争研究会上的讲演稿。

从七七事变到 1938 年 5 月，全国抗战已经进入第十个月。由于八一三淞沪会战失败，也由于台儿庄大捷，国内舆论盛行"亡国论"和"速胜论"两种截然相反的观点。还有不少人轻视抗日游击战争，寄希望于正面战场的正规战。世界各国也在关注中国抗战的发展，并担心中国的前途和命运。为了驳斥"亡国论""速胜论"，坚定全国人民持久抗战的胜利信心，同时也消除国际友人存在的疑虑，1938 年 5 月，毛泽东在延安的窑洞中用 9 天时间写下了《论持久战》这部不朽的军事著作，第一次将持久战问题系统化、理论化。

《论持久战》主要阐述了中国抗战为什么是持久战、怎样进行持久战和最后胜利为什么属于中国这三大问题。

关于中国抗战为什么是持久战的问题，毛泽东着重阐述了持久战问题提出的基本依据，指出"中日战争不是任何别的战争，乃是半殖民地半封建的中国和帝国主义的日本之间在二十世纪三十年代进行的一个决死的战争"，并且深刻分析了中日双方的 4 个基本特点："敌强我弱，敌小我大，敌退步我进步，敌寡助我多助。"这就回答了中国为什么要采取持久战的问题——面对强大的敌人，抗日战争不可能速胜。但中国可以以己之长，攻敌之短，利用自己地大、物博、人多的有利条件，打一场长期的反侵略的正义战争，并赢得世界人民的广泛支持和援助。这些特点"规定了战争的持久性和最后胜利属于中国而不属于日本"。

关于中国该如何进行持久战的问题，毛泽东以非凡的洞察力，准确预见抗日战争的发展分为 3 个阶段，即战略防御，战略相持，战略反攻。毛泽东着重指出，第二阶段是整个战争的过渡阶段，"将是中国很痛苦的时期"，"我们要准备付给较长的时间，要熬得过这段艰难的路程"。然而，它又是敌强我弱形势"转变的枢纽"。这是毛泽东持久战理论的核心。毛泽东强调"此阶段中我之作战形式主要的是游击战，而以运动战辅助之"，"此阶段的战争是残酷的，地方将遇到严重的破坏，但是游击战争能够胜利"。

关于中国应该如何夺取游击战争胜利的问题，毛泽东的回答是，充分发挥广大人民群众的力量。他指出，"武器是战争的重要的因素，但不是决定的因素，决定的因素是人不是物"，"战争的伟力之最深厚的根源，存在于民众之中"。只要动员了全国老百姓，坚持中国抗日民族统一战线和国际反法西斯统一战线，就会造成陷敌于灭顶之灾的汪洋大海，造成弥补武器等缺陷的补救条件，造成克服一切战争困难的前提。

毛泽东的《论持久战》，是运用辩证唯物主义和历史唯物主义从中国实际出发解决战争问题的光辉典范，它不仅在国内成为中华民族抗日战争的指南，而且在世界军事学术史上也具有极高的价值。它彻底批驳了"亡国论""速胜论"和轻视游击战争的错误观点，解答了人们头脑中关于持久战和抗日游击战争问题的种种疑惑，从战略、战役和战术各个层次，提出了一整套克敌制胜的切实可行的具体作战方针和原则，清晰有力地描绘出中国抗战全过程的完整蓝图和抗日游击战争的前途。持久战理论发展了弱国战胜强敌的战略思想，对中国尤其是敌后军民坚定抗日信心，坚持持久抗战，争取抗日战争的最后胜利，具有重大的指导意义。

★ 红军主力改编为八路军

红军改编为八路军是在第二次国共合作的基础上完成的。1935 年

12月中共中央召开的瓦窑堡会议，从理论和政策上正式确立了中国共产党关于建立抗日民族统一战线的策略方针。中共中央为促成国共合作基础上的抗日民族统一战线，实现全国抗战，自 1937 年 2 月起，即就红军改编问题同国民政府进行谈判。1937 年 7 月卢沟桥事变后，中共中央郑重声明：取消红军名义及番号，改编为国民革命军。经过多次艰苦谈判，1937 年 8 月，国共双方达成协议：红军主力改编为八路军；在国民党统治区的若干城市设立八路军办事处；出版《新华日报》。

1937 年 8 月 22 日，国民政府军事委员会宣布，将红军主力改编为国民革命军第八路军，并同意设总指挥部，下辖 3 个师，每师 1.5 万人。8 月 25 日，中共中央革命军事委员会发布改编命令，宣布将中国工农红军第一、第二、第四方面军和陕北红军等部，改编为国民革命军第八路军（9 月 11 日，按全国统一的战斗序列，改称第 18 集团军），红军前敌总指挥部改为第八路军总指挥部，朱德任总指挥，彭德怀任副总指挥（9 月 11 日，改称正、副总司令），叶剑英任参谋长，左权任副参谋长，任弼时任政治部主任，邓小平任政治部副主任，下辖第 115 师（师长林彪）、第 120 师（师长贺龙）、第 129 师（师长刘伯承）和总部特务团。全军共计 4.6 万人。

为保证中国共产党对八路军的绝对领导，8 月 29 日，中共中央军委决定成立前方分会（后称华北军分会），由朱德、彭德怀、任弼时等 9 人组成，朱德为书记，彭德怀为副书记。同时决定各师成立军政委员会。10 月 16 日，中共中央军委决定成立军委总政治部，任命任弼时为主任。22 日，中共中央、中央军委决定八路军恢复政治委员制度及政治机关，将各级政训处改为政治部（处），并先后任命了师、旅政治委员。聂荣臻、关向应、张浩分别任第 115 师、第 120 师、第 129 师的政治委员。

红军在改编中，坚持了共产党的绝对领导和独立自主原则，保持了红军的光荣传统和人民军队的本色，顺利实现了由国内革命战争向抗日民族解放战争的伟大历史转变。1937年8月22日，改编尚未全部就绪，八路军即开赴华北抗日前线，投入对日作战中。

★ 平型关大捷

平型关大捷是八路军第115师于1937年9月在平型关进行的一场对日伏击战。

卢沟桥事变后，日本侵略者企图以强大兵力迅速占领太原及整个山西省。1937年9月中旬，由平绥铁路西进的日军华北方面军第5师团占领大同后，分兵两路向雁门关、平型关一线进攻，企图突破平型关要隘，协同关东军察哈尔派遣兵团夺取太原，并从右翼配合华北方面军主力沿平汉铁路的作战。中国第二战区司令长官阎锡山决定在平型关—雁门关—神池内长城一线布防御敌，阻止日军进入山西腹地。为此，他致电朱德"希电林师夹击敌之侧背"。为配合友军作战，阻挡日军的攻势，八路军第115师在师长林彪、副师长聂荣臻的率领下，奉命开抵平型关地区集结待机，准备侧击进犯平型关的日军。

1937年9月24日夜，八路军第115师3个团冒雨在平型关东北山区设伏：以第686团占领小寨村至老爷庙以东高地，截击和分割行进中的日军，以第685团占领老爷庙西南至关沟以北高地，截击日军先头部队，以第687团占领西沟村以南高地，切断日军退路，阻击日军增援部队，以第688团为预备队。25日拂晓，日军第5师团第21旅团主力和师团辎重等部队沿灵丘至平型关公路由东向西开进，7时许，全部进入第115师预伏地域。由于道路狭窄，雨后泥泞，日军车辆、人马拥挤堵塞，行动缓慢。第 115 师抓住有利战机，全线突然开火，给日军以重大杀伤，并乘其混乱之际发起冲击，与日军展开白刃格斗。日军利用车辆辎重做掩护，凭借优势火力负隅顽抗。其中一部企图夺取公路两侧高地，掩护突围，亦未能得逞。为解救被围日军，日军第 5 师团师团长板垣征四郎急令其在蔚县、涞源之部队向平型关增援，但被第 115 师独立团、骑兵营阻击于灵丘以北、以东地区。被围日军在 6 架飞机的掩护下，多次向老爷庙及附近高地猛攻，均未能奏效。至 13 时许，第 115 师全歼被围日军。是役，八路军第 115 师以伤亡 400 余人的代价，共歼日军 1000 余人，缴获步枪 1000 余支，机枪 20 余挺，火炮 1 门，以及大批军用物资，击毁汽车 100 余辆、马车 200 余辆。

平型关大捷是八路军首次集中较大兵力对日军进行的成功的伏击战，是全国抗战开始以来，中国军队主动寻歼日军的第一个大胜利。9 月 26 日，蒋介石发出贺电："奸寇如麻，足证官兵用命，深堪嘉慰。"八路军首战告捷，打击了日军的疯狂气焰，挫伤了日军的锐气，打破了日军不可战胜的神话，提高了共产党和八路军的威望，使全国人民看到了中华民族的希望所在，并赢得了国际舆论的称赞和好评。

★ 夜袭阳明堡机场

1937 年 10 月 19 日，八路军第 129 师第 769 团，出其不意，夜袭日军阳明堡机场，摧毁停放在机场的全部 24 架飞机，有力地配合了国民党军忻口战场的作战。

1937 年 10 月初，日军占领了阳明堡机场，并将其作为进攻山西太原的一个重要的前沿机场。当时，日军纠集第 5 师团、独立混成第 1、第 2、第 15 旅团和堤支队、大泉支队、萱岛支队等部，在时任第 5 师团师团长板垣征四郎中将的率领下，企图突破忻口，进攻太原。

为保卫太原，中国第二战区司令长官阎锡山、副司令长官卫立煌决定，在忻口正面地区组织防御，调集 4 个集团军，在忻口一线分左、中、右 3 个作战地区与日军主力展开忻口会战。

为了配合正面战场作战，在侧后方打击日军。1937 年 10 月初，八路军第 129 师先头部队第 769 团，在团长陈锡联的率领下，进抵山西代县以南滹沱河东岸苏龙口村一带，发现日军飞机不断由对岸的阳明堡机场起飞，遂决定夜袭机场。

陈锡联部署：以第 3 营为突击队，袭击机场、摧毁敌机；第 1 营负责破坏崞县至阳明堡之间的公路和桥梁，袭扰、牵制、阻击崞县可能增援之敌；以第 2 营为预备队，与团指挥所位于苏龙口镇北侧地区，破坏阳明堡西南的交通，保障第 3 营侧后安全；团迫击炮连在滹沱河东岸占领阵地，支援第 3 营战斗。

1937 年 10 月 19 日夜，第 769 团各部队分别进至预定地区。担任主攻的第 3 营顺利偷渡滹沱河，潜入机场。经过 1 小时激战，共毁伤日军飞机 24 架，歼灭日军 100 余人，第 3 营伤亡 30 余人，营长赵崇德光荣殉国，年仅 23 岁。

阳明堡战斗是第 129 师在抗日战场上取得的第一次重大胜利，创造了战争史上用步枪、手榴弹打飞机的成功战例，沉重打击了日军的士气，使日军在忻口战场一时失去了空中突击能力，有力地支援了国民党军队在忻口方向的作战，鼓舞了全国人民的抗日决心，扩大了八路军的影响。

中国第二战区副司令长官卫立煌致电周恩来："阳明堡烧了敌人 24 架飞机，是战争历史上从来没有过的事情。我代表忻口正面作战的将士对八路军表示感谢！"

★ 雁门关伏击战

八路军第 120 师第 358 旅第 716 团在山西省代县雁门关地区伏击日军汽车运输队，是八路军配合国民党军正面战场忻口会战的一部分。

1937 年 9 月，日军侵占大同后，继续向南进犯太原。为配合国民党军阻止日军进攻，在忻口进行防御作战，八路军第 120 师第 358 旅第 716 团奉命深入日军侧后，在代县的广武、雁门关、太和岭间，破击大同经代县、忻口到太原的公路，打击日军运输队，截断日军补给线。

10 月 18 日，第 716 团主力在团长贺炳炎、副团长廖汉生率领下，设伏于雁门关以南黑石头沟公路西侧高地。上午，日军运输汽车 50 余辆，满载兵员、弹药，由北向南驶入伏击区。第 716 团即以密集的火力进行攻击。激战中，日军又有汽车 200 余辆由阳明堡方向向北驶来。第 716 团即分兵一部阻击该敌。激战至夜间，日军援兵又至，第 716 团遂撤出战斗。

此战，共毙伤日军 300 余人，击毁汽车 20 余辆。20 日夜，第 716 团一部复占雁门关，另一部破坏了广武至太和岭间的公路及桥梁。21 日晨，第 716 团再次设伏于黑石头沟地区。日军由南向北的汽车 200 余辆和由北向南的汽车数十辆相向而来，当其先头车辆驶入伏击区时，第 716 团居高临下，以突然而猛烈的火力展开攻击。日军在 8 架飞机支援下进行反扑。第 716 团毙伤日军一部后撤出战斗。该团两次伏击战斗，共毙伤日军 500 余人，击毁汽车 30 余辆，一度切断了由大同经雁门关至忻口的交通，配合了国民党军的忻口防御作战。

对此，国民政府军事委员会特致电嘉奖八路军。蒋介石致电朱德、彭德怀："贵部林师及张旅屡建奇功，强寇迭遭重创，深堪嘉慰。"

★ 忻口战役

忻口战役，是中国军队从 1937 年 10 月 13 日至 11 月 2 日在晋北抗击日本侵略军的一次大规模的战役，也是由阎锡山第二战区指挥实施的太原会战的中心战役。

1937 年 9 月底，日军第 5 师团和关东军察哈尔派遣兵团主力，分别由晋东北和晋北突破中国第二战区扼守的雁门关至平型关内长城防线，集结于代县附近，准备攻打忻口，直下太原。忻口是晋北通向太原的门户，是保卫太原的最后一道防线。为确保山西要地，蒋介石令卫立煌率第 14 集团军从河北星夜驰援忻口，任卫立煌为前敌总指挥，组织忻口会战。忻口方面作战的是第 18、第 14、第 6、第 7 集团军，共 8 万人。第二战区计划以 3 个集团军在五台山至宁武山一线，依托有利地形组织防御，歼日军于原平以北地区。

1937 年 10 月 1 日，华北日军主力第 5 师团及关东军察哈尔派遣兵团共 3 万余人，沿代县至原平公路发起进攻，忻口战役序幕拉开。日军以正面进攻结合侧面迂回，在猛烈的炮火、坦克和飞机支援下攻打崞县、原平。守军第 19 军主力奋勇阻击直至白刃鏖战，第 196 旅全体官兵与入城日军浴血巷战 3 天，最后旅长姜玉贞率仅存的 200 余官兵退守城东北角，与敌苦战肉搏，于 11 日全部阵亡。日军占领崞县、原平后，沿同蒲路左侧向忻口猛攻。

10月13日拂晓，日军以飞机、重炮、战车掩护步兵5000人连续猛攻忻口西北侧南怀化阵地。中路守军第9军展开攻势行动，正面出击，阻止敌主力从南怀化突袭忻口的企图。第9军军长郝梦龄、第54师师长刘家麒、独立第5旅旅长郑廷珍到前沿阵地奋勇督战，相继中弹，壮烈牺牲。师长李仙洲，旅长于镇河、董其武火线负伤。陈长捷接郝梦龄任中路前敌总指挥。中日双方于南怀化、红沟谷地间往复拉锯战，阵地失而复得。到10月22日，进入南怀化之敌已三易联队。为突破僵局，日军华北方面军司令官寺内寿一急调援兵并亲临督战，甚至使用毒瓦斯、烧夷弹助攻。中国守军官兵冒着烈火和毒气拼死战斗。双方损失惨重，每日伤亡均以千计。在忻口正面顽强抗击的同时，八路军将主力第115、第120师深入日军两翼及侧后，向灵丘、广灵等地敌后进军，袭击日军后方，切断其补给和增援，另以部分兵力直接袭扰日军第一线攻击兵力，同友军密切战术协同。10月19日夜，刘伯承第129师第769团以1个营的兵力夜袭代县西南的阳明堡机场，毁伤日机24架，歼日军百余人，有力地削弱了日军空中攻击力量，援助了忻口友军正面作战。卫立煌在忻口会战后不久曾盛赞"八路军确实是抗日的，是复兴民族的最精锐的部队"。

至10月底，忻口战场局势恶化。卫立煌第14集团军赶来晋北，连续冲杀，战斗力渐不能支。卫立煌下令部队停止反击，请求增兵。11月2日夜，奉令撤离忻口阵地，向太原撤退。11月8日夜，太原城北被日军突入，经过激烈巷战，傅作义率守军2000余人向西山突围，太原失守。

忻口会战虽然中国方面失利，付出了重大牺牲，但是中国守军英勇抵抗，消耗了大量日军，破坏了日军的河北平原会战计划，争取了时间，使平汉线中国军队得以南撤。参加会战的有阎锡山的晋绥军、国民党的中央军和中国共产党领导的八路军，创歼敌逾万的纪录，是国共两党团结合作、在军事上相互配合的一次成功范例。

★ 淞沪会战

淞沪会战是 1937 年 8 月 13 日至 1937 年 11 月 12 日中国军队抗击侵华日军进攻上海的战役，又称"八一三淞沪抗战"。

卢沟桥事变后，日本在向华北调集重兵的同时，也在积极准备出兵上海，伺机把战争由华北扩展到华中。日军参谋本部称侵占上海的企图是"使其丧失经济中心的机能"。1937 年 8 月 9 日，日军驻上海海军特别陆战队中尉大山勇夫等二人，蓄意驱车强行闯入上海虹桥机场警戒线内，不听制止，被中国哨兵当场击毙，史称"虹桥事件"。日军以此为借口，向中国政府提出撤兵和拆除防御工事等无理要求，并向上海增兵。中国方面命令张治中第 9 集团军（辖第 87、第 88 师两个德械师）担负反击虹口及杨树浦日军的任务。中日双方先后投入兵力总计上百万人。

1937 年 8 月 13 日，日军海军特别陆战队在上海八字桥地区向中国军队开枪挑衅，接着向中国驻军发起全线进攻。震惊中外的八一三事变爆发，淞沪会战开始。中国驻军第 88 师及保安部队当即予以猛烈还击，击退日军进攻。次日拂晓，张治中令第 87、第 88 师开始反击，并出动空军轰炸日军海军陆战队司令部，炸伤旗舰"出云"号，19 日投入第 36 师，突破日军杨树浦阵地。21 日双方在北站、引翔港一线形成对峙。

8 月下旬，蒋介石为加强淞沪防御，陆续调集部队，成立第三战区，冯玉祥任司令长官，顾祝同任副司令长官。以第 8、第 9、第 10

集团军分别组成淞沪、杭州湾北岸和浙东围攻区或守备区，另以第54、第57军分别组成长江南、北岸守备区，准备迎战日军。这时日军也已组成以松井石根大将为司令官的上海派遣军，其两个师团在张华浜及川口沙相继登陆。双方激战近1个月之久，至9月18日，日军先后攻占吴淞、宝山、杨行等地，中国守军退至北站、江湾、庙行一线。

9月20日，蒋介石自兼第三战区司令长官，重新调整部署。10月中旬，蒋介石增调第21集团军从大场附近实施反击未成。日军集中3个师团突破第21集团军防线，于26日攻占庙行和大场。苏州河以北中国守军腹背受敌被迫西撤。日军再派第10军增援上海，于11月5日拂晓利用大雾、大潮在杭州湾全公亭、金山嘴登陆，对淞沪实施迂回包围。由于中国右翼军部分沿海守备部队已抽调支援市区作战，猝不及防，阵地相继失守，战局急转直下。日军第6军6日占领金山，力图与上海派遣军达成合围。蒋介石被迫于8日下令全线撤退。日军9日攻陷松江，12日占领上海。淞沪会战告结束。

淞沪会战，是中国抗日战争中第一场重大战役，也是全国抗战开始以来时间最长、规模最大、战斗最惨烈的一次战略性战役。中国军队以劣势装备与优势装备的日军进行奋力搏杀，以伤亡约25万人的巨大代价，毙伤日军4万余人，坚守上海达3个月。这次会战，粉碎了日本"三个月灭亡中国"的企图，极大地鼓舞了全国人民的抗日热情，也为上海工厂内迁，保存经济实力，掩护国家经济转入战时体制赢得了时间。然而，蒋介石把70万大军置于危险境地，单靠拼消耗、拖时间来争取国际干涉，是战略指导上的严重失误，给而后保卫首都南京的作战造成极为不利的影响。

★ 南京保卫战

南京保卫战，是中国军队在淞沪会战失利后于 1937 年 12 月展开的一次保卫首都南京的作战。

1937 年 11 月，中国军队在淞沪会战中失利。日军占领上海后，在 11 月中下旬相继突破长江以南及京沪铁路沿线阵地，向上海以西仅 300 余公里的南京进逼，并对南京形成三面包围。中国国民政府于 11 月 20 日发表迁都重庆的声明，并任命唐生智为南京卫戍司令长官，指挥 13 个师 10 万余人保卫南京。

1937 年 12 月 1 日，日军大本营下达了《大陆命令第八号》"命令：华中方面军司令官须与海军协同，攻克敌国首都南京"。日军华中方面军即令上海派遣军、第 10 军分路向南京进击，同时以机群、舰炮大举轰击，夺取中国守军既设阵地。南京保卫战正式开始。中国守军英勇抵抗，牺牲甚多。经两天激战，日军突破秣陵镇、淳化镇、汤山等外围阵地，守军退守近郊阵地，镇江亦弃守。8 日晚，日军进至南京近郊地区，9 日拂晓，突进至光华门外大校场，被中国守军第 87 师官兵击退。10 日，日军逼近南京城下，同时向雨花台、通济门、紫金山第三峰等地发起攻击。守城官兵浴血奋战，激战 3 昼夜，第 87、第 88 师先后有 3 名旅长阵亡。12 日午后，雨花台、工兵学校、紫金山各要地先后失守。至此，城内各处均受日军炮火直接威胁，日军一部突入中华门，光华门、中山门亦相继被突破。同时，日军以一部开向浦口，企图切断中国军队唯一北撤退路。

　　唐生智根据蒋介石如情势不能持久时可相机撤退的电令，于 12 月 12 日下午 5 时下达撤退命令。由于组织指挥不当，除第 66、第 83 军当夜由紫金山北麓和栖霞山附近突围外，其他各部当晚涌向下关争船抢渡，在日军猛烈袭击下，损失惨重。南京宪兵部队代理司令萧山令、第 159 师代理师长罗策群、第 160 师参谋长司徒非等在指挥部队突围中殉国。12 月 13 日，南京陷落。

　　南京保卫战，是中国军队在淞沪会战中遭受重大损失的情况下进行的，其兵力、装备、士气等均处于最低点，加之高层战略指导和战役指挥错误，导致作战失败。在战略上，违背了"持久消耗"的战略总方针，没有达成消耗敌人、保存自己的要求。在战役指挥上，战前未做充分准备，战时又无攻守进退的整体计划，兵力分散，防御消极，缺乏机动兵力，突围时指挥失控，导致损失惨重。

★ 南京大屠杀

　　南京大屠杀，即对日军侵占南京后所犯屠杀、奸淫、纵火、劫掠等暴行的统称。

　　1937 年 12 月 13 日，日军占领南京后，为了摧毁中国人民的抵抗意志，达到迅速灭亡中国的目的，公然无视国际法的基本准则，对南京的中国民众和已放下武器的中国官兵进行了骇人听闻的大屠杀，在人类文明史上留下了极其野蛮、残忍、黑暗的记录。

　　1937 年 12 月 13 日上午，日军第 6、第 114 师团首先从中华门侵入南京，第 9 师团从光华门、第 16 师团从中山门及太平门相继侵入城区。随之日军开始了长达 6 个星期的大规模屠杀。日军随时随地、随心所欲任意枪杀平民百姓和战俘，他们以杀人取乐，展开"杀人竞赛"，其手段包括砍头、劈脑、剖腹、挖心、火烧等，惨不忍睹，灭绝人性。肆意强奸、轮奸妇女，强迫妇女充当"慰安妇"。许多妇女被奸淫后惨遭杀害。南京敌人罪行调查委员会调查结果称："当时本市遭受此种凌辱之妇女不下 8 万人之多。"

据战后远东国际军事法庭认定，"在日军占领后最初 6 个星期内，南京及其附近被屠杀的平民和俘虏，总数达 20 万人以上"，"这个数字还没有将日军所烧弃了的尸体，投入长江，或以其他方法处分的人们计算在内"。据战后包括日本学者在内的各方统计，南京大屠杀中遇害人数达 30 万之多。

日军除屠杀奸淫外，还大肆纵火焚烧破坏，使南京的工业、商业、市政建设及文化教育卫生等事业均遭到惨重破坏。面粉厂、机米厂、中央商场、中华影戏院、夫子庙、大成殿、六朝居、得月楼、码头、医院、寺庙、学校等，80% 以上的建筑均被烧毁，甚至荡然无存。以"六朝古都"著称的南京遭日军洗劫焚烧后，处处残垣断壁，满目疮痍。与此同时，日军还展开了疯狂的抢劫掠夺。从城外抢到城内，从民房抢到难民区，从市民抢到外侨，从商铺抢到工厂，从学校抢到图书馆。凡日军所到之处，无地不抢，钱财、粮食、机器、牲畜、古玩、字画、图书、文物等，无不劫取。据时任金陵大学美籍教授、社会学家路易斯·史密斯的调查报告统计，城内 73% 的房屋被抢劫，"城北区被抢劫的房屋多达 96%"，"南京市民每一家平均损失 838 元，总损失达 2.46 亿元"。

南京大屠杀是"现代史上破天荒的残暴记录"。但是，时至今日，日本政府及右翼势力仍以各种方式否认、掩饰这一残暴行径，淡化日本军国主义在第二次世界大战期间犯下的反人类罪行。日军南京大屠杀证据确凿，铁证如山，已为世人所公认，绝非少数右翼势力所能否定的。前事不忘，后事之师。南京市人民政府、厂矿单位和民间组织为悼念大屠杀遇难者，在日军大屠杀主要地点和遇难者丛葬地部分遗址上，建立了南京大屠杀遇难同胞纪念馆和22座南京大屠杀遗址纪念碑。2014年2月27日，第十二届全国人大常委会第七次会议决定，将12月13日设立为南京大屠杀死难者国家公祭日。

★ 台儿庄大捷

台儿庄大捷，是中国军队于1938年3月24日至4月7日，在山东省南部台儿庄地区击败日军进攻的一次较大规模战役，又称"台儿庄战役""鲁南会战"。

台儿庄位于徐州东北30公里大运河北岸，是进攻徐州的必经之道。1938年年初，侵华日军急欲打通津浦线，使南北日军连成一片，夺取徐州，然后取道郑州南下，进攻武汉。为此，日军先后集中8个师团、5个旅团（支队）约24万人，于1938年1月下旬开始南北对进，夹击华东战略要地徐州。鉴于徐州及中原地区之重要，中国统帅部先后调集64个师另3个旅约60万人，由第五战区司令长官李宗仁指挥，在以徐州为中心的津浦路南北的广阔地域，同日军展开大规模会战。

1938年3月14日，津浦线北路日军矶谷第10师团南下猛攻台儿庄门户滕县，同川军王铭章第122师血战3昼夜，17日滕县失守，师长王铭章殉国。日军第10师团旋即向台儿庄突进。然而，津浦线南路日军板垣第5师团，在2月上旬自潍坊向临沂进攻时，遭到张自忠第 59 军同庞炳勋第 3 军团协同打击与牵制，粉碎了日军第 10、第 5 两个师团会攻台儿庄的作战计划，为日军攻打台儿庄失败埋下伏笔。

1938 年 3 月 24 日，日军第 10 师团一部在航空火力和炮火的支援下，向台儿庄猛攻，与守军孙连仲第 2 集团军展开激烈争夺战。约 200 名日军突破北墙冲入城内，被中国守军全歼。经 3 昼夜激战，至 27 日，日军攻破台儿庄北门，第 2 集团军池峰城第 31 师与敌展开激烈肉搏巷战，伤亡过半。自此，师长池峰城率数千人苦守孤城达 20 余日之久，与日军展开拉锯战，战斗呈胶着状态。28 日夜，日军猛攻台儿庄西北角，西门告急，第 31 师副师长康法如率队反击，同日军展开巷战。29 日，李宗仁向第 2 集团军转达蒋介石死守台儿庄的命令，同时再次严令汤恩伯第 20 军团主力向台儿庄机动，协助第 2 集团军夹击台儿庄之敌。日军为解台儿庄正面之围，令正在攻击临沂的第 5 师团坂本支队停止进攻，转向台儿庄驰援，途中却被第 20 军团第 52 军卷击包围。日军救援计划落空。4 月 2 日，李宗仁下达合围歼灭台儿庄地区日军的命令：第 20 军团攻击台儿庄左侧背之敌，第 2 集团军消灭台儿庄之敌，第 3 集团军进至枣庄、临城以北，断敌后路。4 月 3 日，中国守军向台儿庄日军发起全线反攻，激战 4 天，歼灭日军第 10 师团大部，第 5 师团一部。日军残部分别向峄县、枣庄撤退。

台儿庄战役是中国军队取得的一次重大胜利。中国参战部队 29 万人，最终以巨大代价，歼灭日军 1 万余人，并缴获大批武器装备。台儿庄大捷，不仅极大地鼓舞了全国人民抗战必胜的斗志，在国内外产生了巨大影响，提高了中国的国际威望，而且打击了日军的嚣张气焰，使日本侵略者为之胆寒。

★ 武汉会战

武汉会战，是中国军队于 1938 年 6—10 月在武汉及其周边地区抗击日军进攻的作战，又称"武汉保卫战"。

日军为实现其速战速决、一举灭亡中国的战略企图，在占领徐州后即调集重兵准备攻占武汉。日军计划其主力沿长江两岸及大别山以北进攻，另以一部沿长江西进。日军先后投入武汉作战的兵力共 9 个师团、3 个旅团（支队）等共计 25 万余人，以及海军舰队、航空兵等兵力。中国国民政府虽西迁重庆，但政府机关大部和军事统帅部却在武汉，武汉实际上成为当时全国军事、政治、经济的中心。为此，南京失陷后，国民政府军事委员会便拟定了保卫武汉的作战计划。徐州失守后，即调整部署，先后调集 120 余个师、作战飞机 200 余架、各型舰艇 30 余艘，共 100 余万人，利用大别山、鄱阳湖和长江两岸地区有利地形，组织防御，保卫武汉，并得到苏联援华空军的支援。

从 1938 年 6 月上旬开始，日军兵分 3 路，发起武汉会战。

日军第 11 军主力沿长江南岸地区进攻，7 月 26 日攻占九江后，一部兵力沿长江西进，另一部沿南浔铁路南进。8 月 10 日，西进日军在瑞昌东北登岸，遭到中国守军阻击。半个月后，日军在增援部队的支援下攻占瑞昌，随后日军向马头进攻，遭到中国守军节节阻击。至 9 月中下旬和 10 月初，由于中国守军兵力得到加强，交战双方在大冶、阳新地区和德安地区形成对峙或胶着状态。10 月上旬，中国守军抽调 3 个军的兵力，在德安西北万家岭实施反击，一举歼灭日军约 4 个联队。

日军第 11 军第 6 师团沿长江北岸地区进攻，8 月 2 日攻占黄梅后继续西进。中国守军退至广济、田家镇、浠水地区阻击。另有 3 个集团军则由潜山、广济以北山区南下侧击日军，8 月 26 日收复太湖、潜山。但 4 天后遭日军反扑，9 月中旬，日军占领广济、武穴后，围攻田家镇要塞。中国守军以 1 个军固守要塞，3 个军在外围策应作战，激战多日，伤亡甚重，9 月 29 日，田家镇失守。10 月 19 日，日军攻占浠水，直逼武汉。

日军第 2 军沿大别山北麓地区进攻，8 月下旬从合肥出发，分别占领六安、霍山后，向固始、叶家集、商城方向进攻。中国守军顽强抗击，日军受挫，遂调兵增援，于 9 月 16 日攻占商城，后又占领固始。守军退至大别山各要隘，双方激战月余。10 月 12 日，日军得到增援后，占领信阳，沿平汉铁路南下，协同第 11 军进攻武汉。10 月 25 日，中国守军被迫撤出武汉战场。27 日，武汉沦陷。

武汉会战，历时 4 个半月，战场遍及安徽、河南、江西、湖北四省广大地区，毙伤日军近 4 万人，是抗日战争战略防御阶段规模最大、时间最长、歼敌最多的一次战役。中国军队英勇抗击，以伤亡 40 余万人的代价，消耗了日军的有生力量，打破了日军妄图速战速决、迫使中国屈服的战略计划。日军虽然占领了武汉，并控制了中国的腹心地区，在战役上取得了胜利，但并未完全实现其战略企图。武汉会战成为中国抗日战争进入战略相持阶段的重要转折点。

★ 广州作战

广州作战系 1938 年 10 月日军为切断中国华南方面的外援路线由

其第 21 军进行的广州进攻战和中国第四战区第 12 集团军进行的广州保卫战，以广州失陷而告终。

广州是华南沿海最大城市和华南地区政治、经济、文化中心，同时也是中国利用香港输入外援物资的主要通道。为切断中国华南方面的外援路线，日军大本营陆军部早在 1937 年 12 月底就提出过在广东大亚湾登陆的设想，但遭日本海军反对而中止。1938 年 7 月，日军大本营确定在进行武汉作战的同时，进行广州作战。9 月 7 日，日本御前会议正式作出了攻占广州的决定，并下令编组第 21 军担负此项作战任务。9 月 19 日，下达第 21 军作战序列，由台湾军司令官古庄干郎中将任司令官，下辖第 5、第 18、第 104 师团和第 4 飞行团等部；并决定由海军第 5 舰队配合第 21 军进攻广州附近要地，切断中国通往国外的主要补给线。10 月上旬，日军第 5、第 18、第 104 师团在澎湖列岛的马公集结完毕，待命出动。

全国抗战爆发后，国民政府军事委员会在广东设立了由何应钦兼任司令长官的第四战区。广州作战开始前，第四战区副司令长官兼第 12 集团军总司令余汉谋所部担负广东防务。第 12 集团军下辖第 62、第 63、第 65 军及 2 个独立旅和虎门要塞部队，共 8 个师的兵力，且各师分散部署在虎门、惠阳、潮汕、大亚湾、增城、从化、广州东郊等地，守备松弛。9 月 7 日和 10 月 8 日，广东省政府主席吴铁城曾先后两次向蒋介石报告：日军在进攻武汉期间，准备同时大举进攻华南，我方应加强广州防务。但蒋介石对此情报和建议不以为然，他认为广州地区不会发生大事：若日本进攻广州，必将损害英国利益和导致英国的干涉，由此断定，日军不会贸然进攻广州。蒋介石始终未把广州作为重点防御地区，在武汉会战期间还从广州抽调 4 个师参加武汉保卫战，致使华南兵力单薄。甚至在广州战役爆发前夕，蒋介石不但不加强广州防务，还指令余汉谋再抽调 1 个师增援武汉。余汉谋尚未来得及派兵北上，日军已发动了进攻广州的作战。

10月9日，日军第21军在海军第5舰队的护卫下从马公起航，11日抵大亚湾。12日凌晨，日军在数十艘军舰和100余架飞机掩护下，强行登陆大亚湾，几乎未遇抵抗。日军第18师团登陆后，先后陷淡水、惠阳、博罗。20日，第18师团突破中国军队防御，21日占领广州。第104师团登陆后，连陷平海、稔山、吉隆，21日进抵增城，为切断中国军队退路，继续向广州以北推进，22—23日先后攻占太平场和从化。日军第5师团在海军第5舰队护卫下，于21日晚从大亚湾出发，22日在珠江口西岸登陆，23日占领虎门要塞。

广州作战是在武汉作战期间进行的，中国军队几乎未组织有力抵抗，日军仅用9天时间轻易攻陷广州，达到了策应武汉作战和切断中国华南方面的外援通道之目的。从此，中国失去了一条重要的国际物资输入线，给持久抗战造成了新的困难，而日军却为而后的南进作战建立了一个前进基地。

★ 八路军创建华北敌后抗日根据地

太原失陷后，以国民党为主体的正规战争结束，以共产党为主体的独立自主的游击战争进入主要地位。八路军在山西四角实行战略展开，开始创建华北敌后抗日根据地。

早在平型关大捷之前，八路军第115师和第120师各一部，分别组成工作团，深入冀西和晋西北地区，着手开辟抗日根据地。平型关大捷之后，第115师独立团、骑兵营、教导队和八路军总部特务团一部等，约3000人，继续创建以五台山为中心的晋察冀抗日根据地。11

月7日，八路军晋察冀军区成立，司令员兼政治委员聂荣臻，辖第1至第4军分区，部队共7600余人。翌年1月10—15日，在河北阜平召开了晋察冀边区军政民代表大会，选举了抗日民主政权——临时行政委员会。八路军创建的第一个敌后抗日根据地——晋察冀抗日根据地初步形成。

太原失守后，第115师主力，第120、第129师和第344旅，分别深入吕梁、管涔、太行和太岳山区，广泛宣传共产党的抗日主张，放手发动群众，实行正确的合理负担政策，在山西牺牲救国同盟会和山西新军的配合下，开展独立自主的山地游击战争，实行密切协同，避敌锐势，以次要兵力牵制敌之数路，集中主要兵力，寻机打击孤立突出敌之一路，取得了易县以西的大龙华、武乡以东的长乐村、晋西北收复7城、隰县午城、蒲县井沟等战斗的胜利，粉碎了日军1万—3万余人多次大规模围攻。至1938年4月，八路军先后作战400余次，歼日伪军2万余人，基本建立了晋察冀、晋西北、晋西南和晋冀豫边山区抗日根据地，完成了在山西四角的战略展开，标志着华北敌后抗日根据地的初步形成。同时八路军晋冀豫军区成立，司令员倪志亮，政治委员黄镇，辖4个支队、1个大队和5个军分区。这个军区，对外称第129师后方司令部，后改为晋冀豫边游击司令部。

在山区抗日根据地人力、物力和财力受到一定限制，而平原人口众多、物产丰富和地方游击战争亟待加强的情况下，八路军分兵一部挺进冀、鲁、豫地区，积极发展平原游击战争。

早在1938年2月和3月，八路军第129师东进纵队和骑兵团进至冀南，初步建立了以南宫为中心的平原抗日根据地和冀南军区。4月21日，毛泽东、张闻天和刘少奇联名发出关于开展平原抗日游击战争的指示后，八路军第129师另一部相继挺进冀南，展开对敌攻势，改造抗日民主政权。第344旅和冀南军区各一部，经过漳南战役，开辟了冀鲁豫边抗日根据地。第115师和第129师各一部，与地方抗日武装建立起冀鲁边抗日根据地，部队统一整编为八路军东进抗日挺进纵队。

1938年5月，以黎玉为书记的中共山东省委（下旬改称苏鲁豫皖边区省委，书记郭洪涛）领导的抗日起义武装经过100余次战斗，解放了乐陵和盐山等15座县城，初步创建了山东抗日游击根据地。中共中央于1938年8—11月陆续抽调160余名干部，作为骨干力量充实到山东抗日起义武装中。12月27日，八路军山东纵队在沂水王庄正式成立，指挥张经武，政治委员黎玉，下辖10个支队，另2个团，共2.45万人，另有所属地方武装1万余人。这标志着分散在山东各地的抗日武装已发展成为在战略上统一指挥的游击兵团，并初步创建了山东抗日根据地。

第120师雁北支队于5月下旬进抵平西斋堂和杜家庄地区，与晋察冀军区1个支队合编为第4纵队。中共冀热边特委在第4纵队的支援下，于7月上旬发动了20余万人的冀东大暴动，组织了10余万人的抗日武装，初步创立了冀东抗日游击根据地，成为晋察冀抗日根据地的一个组成部分。第120师大青山支队，7—11月，由晋西北五寨地区挺进绥西、绥中和绥南地区，开辟了大青山抗日游击根据地。八路军第3纵队兼冀中军区，初步形成了拥有800万人口的冀中抗日根据地。第3纵队兼冀中军区和冀中抗日根据地，遂成为晋察冀军区和晋察冀抗日根据地的重要组成部分。

八路军开辟的华北抗日根据地和依托此根据地进行的敌后游击战争，形成了平原和山区相互依托、彼此支持的格局，对华北日军构成了严重威胁。

★ 神头岭伏击战

神头岭伏击战是八路军第 129 师在山西省潞城县东北部神头岭地区伏击日军的战斗。

1938 年 3 月上旬，八路军第 129 师奉命由正太铁路附近行进到山西东南的襄垣地区，侧击由邯郸经东阳关向潞城、长治进犯的日军第 108 师团，并破坏东阳至长治的公路，以钳制日军向黄河河防进攻。

黎城是日军第 108 师团的一个兵站，守敌约 1000 人。潞城为日军第 108 师团司令部，布有重兵把守。两城之间为丘陵地带，并有浊漳河相隔。

面对装备精良、不可一世的日军，经过多方侦察，八路军第 129 师师长刘伯承、政治委员邓小平决定在黎城和潞城之间做文章，挫挫日军的锐气。刘邓打算采取"吸打敌援"的战术，袭击黎城，调动潞城日军出援，并在途中利用有利地形设下埋伏，一举歼敌。

具体部署是：以第 385 旅第 769 团袭击黎城，并阻击涉县出援的日军；以第 386 旅在潞河村与微子镇之间的神头村以西山岭设伏，歼灭潞城出援的日军。据此，第 386 旅于 16 日拂晓前，沿神头岭上公路三面设伏。

3 月 16 日凌晨 4 时，按照预定计划，第 129 师第 385 旅第 769 团突袭黎城，歼敌 100 余人。第 771 团特务连烧毁赵店镇公路大木桥，切断了黎城、潞城之间的交通。黎城日军不多，又搞不清楚八路军来了多少，慌乱中急忙向潞城等附近日军求援。

　　黎城受袭，潞城日军即以步骑兵 1500 余人向黎城增援。8 时 30 分，其先头分队汽车 2 辆、骑兵 20 余人通过神头岭，因赵店镇公路桥已毁，被阻于浊漳河边。9 时，其主力进至神头岭地区，虽进行了侦察，却未发现隐蔽于公路两侧沟渠草丛中的设伏部队。

　　9 时 30 分，当日军援兵全部进入伏击圈时，第 386 旅旅长陈赓一声令下，埋伏在北侧的第 771 团、西侧的第 772 团、东侧的补充团同时开火，三面夹击，将日军截成数段，展开白刃格斗。

　　日军遭到突然袭击，顿时陷于混乱，且由于狭窄地形限制，兵力兵器难以展开，死伤惨重，一部逃至神头村内，凭借房屋、窑洞负隅顽抗。第 386 旅立即组织强攻，歼灭大部日军。战至 11 时 30 分，日军除 100 余人逃回潞城外，其余全部被歼，浊漳河南岸的日军亦被第 771 团特务连歼灭。由黎城出援的日军，被阻于浊漳河北岸。由潞城两次出援的日军数百人，被第 772 团歼灭一部后撤逃。16 时，神头岭战斗胜利结束。

　　这一仗，八路军第 129 师以伤亡 240 余人的代价，共毙伤日军 1500 余人，俘获 8 人，缴获长短枪 550 余支、骡马 600 余匹及大批军用物资，和日军的伤亡比例为 1∶6，给侵入晋东南的日军以有力打击。

★ 响堂铺伏击战

　　响堂铺伏击战是八路军第 129 师在邯郸至长治公路线上响堂铺地区伏击日军辎重部队的战斗。

　　为钳制日军向黄河防线进攻，配合晋南国民党军及晋西北、晋西南的八路军作战，遵照八路军总部命令，第129师对敌重要交通运输线展开破袭战和伏击战。1938年2月至3月中旬，第129师先后在河北省井陉县西部长生口一带及山西省潞城至涉县间神头岭一带，发起长生口战斗和神头岭伏击战，给予敌后方补给线沉重打击。

神头岭之战后，日军加强了邯郸至长治公路上的戒备，并在东阳关增设据点，驻有150余人。侵入晋南、晋西的日军虽然连遭打击，但为配合津浦作战，日军又相继进攻潼关、西安、陕甘宁边区各地，并向黄河各渡口进犯。作为后方交通线的邯长公路，成为日军的生命线，汽车日夜不停向前线运送兵员物资。

为了牵制日军前线，破坏其后方补给，第129师决定：由副师长徐向前指挥第386旅第771、第772团，第385旅第769团等部队，在黎城至涉县间的响堂铺一带，伏击日军。

响堂铺位于河北省涉县神头乡，是邯长公路上一处并不醒目的小村镇。镇南山势陡峭；镇北山坡相对平缓。南北双峰夹持着一条细长的峡谷，在这里、日军赶修出一条简易的公路。响堂铺是日军从河北进入山西，翻越太行山的咽喉要道。

根据地形及第129师的特点，徐向前部署：以第385旅第769团及第386旅第771团为主力，在响堂铺公路以北，后宽漳至杨家山一线，分左右两翼重点设伏，并派小分队埋伏在公路以南山脚下追缴逃敌；同时，第769团一部向涉县方向警戒，拦击东北援敌，并派1个连进至王堡，保障第769团后方安全。以第386旅第772团为预备队，主力集结于马家拐阻击可能由黎城、东阳关增援的日军，并掩护伏击部队侧后的安全。

各部队于3月30日晚，分别抵达指定位置、完成战斗准备。在八路军总部的邀请和组织下，来自中国第二战区东路军的30名国民党少将以上将领，按计划登上路南山峰制高点，隐蔽在观察所，观摩八路军实战。

31 日拂晓，由东阳关出动的日军 200 余人，向位于苏家峧的第772 团第 7 连进攻。徐向前判断日军并未发觉设伏企图，除令第 772 团以 1 个营进至庙上村东高地加强右后方安全保障外，仍令参战各部继续隐蔽设伏。

8 时许，日军第 14 师团辎重部队汽车 180 辆及掩护部队 170 余人，由黎城经东阳关向涉县开进。9 时许，日军车队进入设伏地区，预伏部队突然发起攻击，经 2 小时激战，日军除 30 余人逃窜外，余均被歼。与此同时，担负警戒任务的第 772 团击溃由黎城出援的日军 300 余人；第 769 团一部击退由涉县出援的日军 400 余人，并歼其一部，击毁汽车 1 辆。

16 时许，日军出动 12 架飞机，在响堂铺上空大肆轰炸，妄图反扑八路军。此时第 129 师早已清理完战场，撤出战斗安全转移，敌机只好无功而返。

被邀请观战的国民党高级将领，看到八路军打得英勇顽强，日军被打得东窜西藏，高兴得直鼓掌。这次战斗，使不少国民党高级将领对八路军游击战的战略战术及指挥艺术赞叹不已。

这次战斗，第 129 师以伤亡 317 人的代价，共歼日军 400 余人，烧（击）毁汽车 181 辆，缴获长短枪 130 余支、迫击炮 4 门及大批军用物资。这场战斗，与长生口战斗、神头岭伏击战并称为八路军第 129师华北抗日战争史上的"三战三捷"。

第 129 师师长刘伯承赞扬响堂铺伏击战，认为这是八路军伏击战的典型范例之一，既保障了响堂铺伏击战斗的胜利，又诱使东阳关、黎城、涉县据点的日军，钻进我另外的伏击圈，从而创造了连环伏击的战果。

★ 邵家庄伏击战

邵家庄伏击战是八路军第 120 师第 359 旅在山西省广灵县邵家庄地区对进犯日军的伏击战斗。

1938 年 9 月，日军华北方面军为巩固其占领区，调集第 110、第 26、第 109 师团，独立混成第 2、第 3、第 4 旅团等部，共 5 万余人，以"分进合击"战术，围攻八路军晋察冀抗日根据地北岳区，企图摧毁晋察冀边区政府和军区机关。

10 月 28 日，日军北线指挥官独立混成第 2 旅团旅团长常冈宽治由宪兵队和炮兵、工兵 300 余人护送，从广灵到灵丘督战。

第 120 师第 359 旅旅长王震得知该股日军出动，急令第 719 团和第 717 团第 9 连于广灵南 10 公里的邵家庄地区设伏；第 718 团一部在灵丘北 10 公里的黄台寺地区阻击来援日军。

8 时许，灵丘日军乘车 10 余辆北上接应常冈宽治，行至贾庄、黄台寺地区突遭第 718 团伏击，被歼 200 余人，残部退回。

10 时许，常冈宽治率队沿公路南下，行至邵家庄村西，派兵进村侦察。第 719 团侦察员即发出冲击信号，伏兵从公路东西两侧向日军发起攻击。经白刃格斗，歼其大部，击伤常冈宽治。广灵日军得知常冈宽治一行被围，迅速驰援，被第 719 团第 3 营阻于张家湾。11 时许，阻援部队得知被围日军大部被歼，遂主动撤出战斗。

这次战斗，八路军第 120 师共毙伤日军 500 余人，炸毁汽车 10 余辆，以及缴获了照相机、望远镜等一批军用物资。尤其是缴获了日军的作战日记和标有日军作战部署和八路军部分部队的番号及驻地的作战地图。

邵家庄伏击战的胜利，打击了日本侵略军的嚣张气焰，有力地支援了反围攻作战，有效地打破了日本侵略者"北围五台"的计划。

★ 滑石片伏击战

滑石片伏击战是八路军第 120 师第 358 旅于 1938 年 11 月在山西五台县附近的滑石片地区对日军的伏击战，歼灭了日军一个大队。

1938 年 10 月下旬，第 120 师第 358 旅主力根据八路军总部的命令，由晋西北抗日根据地进至山西省五台县城东南的寨里、白家庄地区，配合晋察冀军区部队进行反围攻作战。

11 月 3 日晨，侵占五台的日军第 109 师团第 135 联队蚋野大队和周围据点的日军共 700 余人，自五台向高洪口进犯。

从高洪口到五台必须经过滑石片。滑石片是两山之间一条长达数里的山沟，这里沟深路窄，道路就从沟底蜿蜒伸展，是伏击日军的绝佳地段。

第 358 旅旅长张宗逊与政治部主任张平化以及第 716 团团长黄新廷、政治委员廖汉生共同分析敌情，最后定下作战决心：以第 716 团担任伏击部队，第 714 团赶到滑石片西北南院村地区，阻击由五台来援的日军。

是日夜，当第 716 团主力进至滑石片南山时，与自高洪口回撤的日军遭遇。第 716 团立即抢占有利地形，并向日军发起攻击，迅速将其分割包围，激战中连续打退日军 5 次反扑。经过一夜激战，八路军第 716 团终于在拂晓前将日军蚋野大队基本消灭，只有数十名残敌突围逃跑。

拂晓后，第 714 团在南院村以西发现逃窜的日军，即以部分兵力追至五台城下，再歼其一部。

这次战斗，八路军第 120 师第 358 旅共歼灭了日军蚋野大队大队长以下 700 余人，俘虏 21 名，缴获山炮 2 门，日式掷弹筒 4 门，轻重机关枪 30 多挺，马步枪 340 余支，战马 153 匹，电台 1 部，以及大量军用物资。

滑石片战斗胜利后，第 716 团官兵在高洪口穿上缴获的日军呢大衣，摆上缴获的武器，晋察冀军区记者为他们拍下集体照。

滑石片战斗在晋察冀边区的五台、定襄、忻州地区影响巨大，群众争相传递着八路军第 358 旅胜利的消息。晋察冀军区司令员聂荣臻让边区政府专门派人慰问。

★ 香城固伏击战

香城固伏击战是八路军第 129 师第 386 旅在威县以南香城固一带巧妙设伏，歼灭日军的战斗。

1939 年 1 月，日军集结 3 万兵力，向八路军冀南抗日根据地进行大规模"扫荡"。八路军第 129 师将主力与地方武装分为几个作战集团，机动歼敌，反击日军"扫荡"。第 386 旅根据反"扫荡"中日军每次被袭击后必派部队报复的特点，决定于威县县城以南香城固多沙地地区

伏击日军。

威县位于华北平原南部，东与清河接壤，西与广宗交界，南与邱县毗邻。日军侵入束鹿、钜鹿、广宗、威县等县城后，威县成为其后方补给线上的重要据点，由第10师团第40联队较多兵力守备。此时，位于威县以南的邱县香城固尚由八路军控制，周围日军相对稀疏。如果在此设伏，进可诱敌，退可固守邱县根据地。

2月4日下午，第386旅遵照第129师师部命令，进驻威县以南的香城固。旅长陈赓命令参战部队指挥员缜密勘察地形，确定伏击位置。

根据勘察情报，旅长陈赓部署：第344旅第688团团长韦杰率领该团第1营在香城固担任正面阻击任务，团主力进至张家庄，担任西翼侧击任务；补充团进驻庄头村一线，担任东翼侧击任务；新编第1团1个营兵力进至西孝固，戒备曲周方向日军，保护伏击部队侧背。新编第1团主力进驻马落堡地区，阻击并切断日军退路；骑兵连为诱敌部队。

2月9日16时，韦杰率部抵达威县东南的李家寨，迅速包围县城。夜晚，八路军第688团故意虚张声势，架起云梯攻城。驻威县日军第40联队补充大队和安田步兵加强中队，慌忙登上城墙还击。见守城日军躁动，八路军第688团迅速向香城固伏击阵地转移。同时，担任诱敌任务的八路军骑兵连，迂回在威县城南草场村一带，故意将行踪暴露给日军。

威县日军不仅"扫荡"根据地连连扑空，还遭到八路军的突袭，面对触手可及的骑兵连，骄纵的日军决意反扑。次日，日军第40联队补充大队一部及安田步兵加强中队，分别乘坐9辆汽车，携带山炮1门，92步兵炮2门，组成了快速部队以追击八路军。

骑兵连且战且退，步步诱敌。2月10日14时许，骑兵连在第什营突然发动阻击，当场击伤日军补充大队大队长，击毙其翻译官及向导。日军还未展开火力，骑兵连在耿家庄一带迅速隐蔽。日军紧随其后，搜寻八路军踪迹。此时，骑兵连又从香城固东南 1 公里外的康洼村闪现，奋勇杀敌。日军立刻疏散汽车队，展开部队。见日军逼近伏击圈，骑兵连迅速向阵地撤离。

当日军进入伏击圈，行至香城固北街口一带，韦杰率第 688 团迎头发起进攻，击毁日军汽车 1 辆。日军安田中队长急忙组织火力，向八路军正南阵地突击，两次冲锋均被击退。安田立刻改变战术，以小股部队自东向南，试图包抄八路军侧背。转移的日军刚接近庄头村，即被八路军补充团两个营打退。

安田见东、南两个方向均遭到阻击，他判断已经中了埋伏，于是改用"小群多路"的战术突围。此时，八路军第 129 师各部，从东、南、西 3 个方向合力围击日军，迫使其调头北窜。

埋伏在马落堡一带的八路军新编第 1 团，发现日军北逃，迅速组织火力断其退路。战士冲上大沙河北坡的制高点，奋勇扑杀，迫使日军退回中心的凹地。日军的汽车陷入沙窝，无法行进。八路军新编第 1 团战指战员抓住战机，用集束手榴弹打击日军，牢牢扎紧伏击圈北面的袋口。

从 2 月 10 日 16 时 30 分左右开始，日军发起了 4 次冲锋，都未能突破"口袋"口，于是，日军朝新编第 1 团阵地投掷了毒瓦斯弹。八路军阵地有很多人中毒，但指战员们坚持战斗，打退了日军又一次进攻，牢牢守住了北阵地。

此时，八路军从东、西、南 3 个方向，积极进攻日军侧翼、尾翼，各阵地迅速向中心收拢，集中火力压制日军，迫使其无从施放毒气。安田见突围无望，再次向新编第 1 团东侧阵地冲锋。新编第 1 团 6 连连长徐泽贵、指导员刘子模，率全连战士与日军展开肉搏，将其打退。八路军第 129 师参战各部乘胜追击，合力围歼伏击圈中的残敌。

这次战斗，八路军以伤亡 50 人的代价全歼来犯之敌，共毙日军 200 余人，俘虏 8 人，击毁日军汽车 9 辆，缴炮 4 门，长短枪数十支，各种子弹 3 万余发，创造了平原诱伏战的典范。

2 月 14 日，蒋介石、卫立煌分别致电嘉奖八路军参战部队。八路军新编第 1 团被朱德誉为"模范青年团"，后被八路军总部授予"模范朱德青年团"的称号。

香城固诱伏战对巩固冀南抗日根据地，粉碎日军控制平原、聚歼八路军的企图起了重要作用。

★ 黄土岭战斗

黄土岭战斗是八路军晋察冀军区和第 120 师各一部在河北省涞源县城东南黄土岭地区对日军进行的伏击战。

1939 年 11 月 3 日，八路军晋察冀军区部队在雁宿崖歼灭日军 500 多人后，晋察冀军区司令员兼政治委员聂荣臻判断驻涞源的日军独立混成第 2 旅团旅团长阿部规秀会恼羞成怒，很可能亲自出马，率队沿原路前来报复。于是，命令参战部队立即脱离战场，隐蔽于适当位置，待机再战。

果然，阿部规秀率驻涞源县城和插箭岭日军 1500 人，于 11 月 4 日出动，沿原路向雁宿崖前进。晋察冀军区第 1 军分区司令员杨成武即以第 1、第 2、第 3 团、第 3 支队、第 120 师特务团和第 25 团一部隐蔽于涞源县城东南、涞源县与易县交界处的黄土岭峡谷两侧设伏，以一部兵力引诱日军前进至司各庄、黄土岭一线。7 日，日军主力由黄土岭出发，沿山沟向东蠕动。八路军预伏部队在猛烈射击后，从三面发起冲击。日军急忙抢占山头，进行反扑，但均被打退。此时，第 1 团团长陈正湘、政治委员王道邦发现黄土岭与上庄子之间的一处独立房屋附近，站着一群日本军官，随即命令配属该团的军分区炮兵营迫击炮连，对准目标轰击。原来这正是日军的指挥所，阿部规秀当场被击毙。这次战斗，共歼灭日军900余人，击毙中将旅团长1人，缴获大量军用物资。

黄土岭战斗的胜利，极大地振奋了全国抗日热情。全国各大报纸连日报道，纷纷来电祝贺。蒋介石也致电八路军总司令朱德予以嘉奖。聂荣臻司令员发布通令，嘉奖击毙阿部规秀的炮兵营。对阿部规秀之死，日本报纸表示哀叹，"中将级指挥官阵亡，皇军建立以来不曾有过"，"名将之花，陨落在太行山上"。

黄土岭战斗是一场漂亮的伏击战，是中国抗日战争时期我军以劣势装备战胜优势装备之敌的著名战例之一。

★南方8省红军游击队改编为新四军

卢沟桥事变后，国民党军虽然停止了对分散在湘、赣、闽、浙、鄂、豫、皖、粤8省15个地区的红军和游击队的军事"围剿"，但企图通过谈判"改编"来消灭这些部队。在中共中央的严正交涉下，南方红军和游击队一方面与国民党地方当局的各种阴谋做了坚持不懈的斗争；另一方面，及时做好内部的思想政治教育工作，迅速实现由国内革命战争向抗日民族解放战争认识上的转变。经过一系列艰苦工作和尖锐斗争，1937年9月28日，蒋介石任命叶挺为国民革命军陆军新编第四军（简称新四军）军长。10月12日，国民政府军事委员会宣布除琼崖地区外的南方 8 省 14 个地区的红军游击队改编为新四军。

继叶挺任新四军军长后,由中共中央提名经国民政府军事委员会核定,又任命项英为副军长,张云逸为参谋长,周子昆为副参谋长,袁国平为政治部主任,邓子恢为政治部副主任。12 月 14 日,中共中央决定成立中共中央东南分局和中共中央革命军事委员会新四军分会。东南分局由项英任书记,曾山任副书记。新四军军分会由项英任书记,陈毅任副书记。

12 月 25 日,新四军军部在汉口成立,翌年 1 月 6 日移往南昌。全军编为 4 个支队:第 1 支队,司令员陈毅,副司令员傅秋涛;第 2 支队,司令员张鼎丞,副司令员粟裕;第 3 支队,司令员张云逸(兼),副司令员谭震林;第 4 支队,司令员高敬亭。全军共 1.03 万余人,各种枪 6200 余支(挺)。

南方 8 省红军游击队改编为新四军,对于迅速壮大人民抗日武装力量,开展华中敌后抗战,具有重大的战略意义。

★ 新四军开辟华中敌后战场、创建根据地

1938 年 2—4 月,新四军第 1、第 2、第 3 和第 4 支队,分别到皖南和皖西地区集训,为长期坚持敌后游击战争创造条件。新四军各支队整训后,陆续挺进敌后,在大江南北实行战略展开。

在江北,新四军第 4 支队于 5 月 12 日在皖中巢县蒋家河口首战告捷,歼日军 20 余人。这是新四军挺进敌后的第一仗,拉开了华中敌后抗战的序幕。5—11 月,第 4 支队初步打开了皖中地区的抗战局面。徐

州失守后，中共豫西特委和河南省委相继组建了豫东抗日游击第3支队、先遣大队和游击支队。10月中旬，这3支部队在豫东西华县杜岗会师后，合编为新的新四军游击支队，彭雪枫任司令员兼政治委员，辖3个大队，共1020人，初步打开了豫东的抗战局面。

在江南，由第1、第2和第3支队各一部组成的先遣支队，于6月17日在韦岗歼日军少佐以下21人。韦岗战斗的胜利，是新四军挺进苏南敌后的首战，奠定了江南地区抗战的基础。第1、第2和第3支队主力相继进入苏南敌后和皖南抗日前线，分别取得信丰、小丹阳和马家园等战斗的胜利。

新四军各支队一面作战，一面大力宣传共产党的抗日方针、政策，开展统战工作和群众抗日斗争。至10月，新四军共作战280余次，歼日伪军3800余人，初步建立起苏南、皖南、皖中抗日根据地，打开了豫东的抗战局面，开辟了华中敌后战场，支援了正面战场国民党军作战，部队也发展到2.5万余人。

★ 华南人民抗日游击队开辟华南敌后战场

广州失陷后，中共中央致电广东省委，必须在广州及其他敌人占领的地区组织游击队，开展游击战争。在东江、海陆丰等地建立抗日根据地，并利用政府的命令到处组织自卫军，发展人民抗日武装。中国共产党六届六中全会确定了"巩固华北，发展华中、华南"的战略方针。中共广东省委领导了东江、珠江、琼崖、潮汕等地抗日武装的组建和游击战争的开展。

在东江地区，1938年12月2日，中共惠（阳）宝（安）工委成立了惠宝人民抗日游击总队，由曾生任总队长；1939年1月1日在惠阳、宝安沿海地区组成了东宝惠边人民抗日游击大队，由王作尧任大队长，沿广九铁路中段和宝（安）太（平）公路开展敌后游击战争。经过统战谈判，后者和前者分别于4月和5月，改称为国民革命军第四战区游击指挥所第4挺进纵队直辖第2大队和第3挺进纵队新编大队。至1939年年底，发展到近700人，初步打开了东江敌后抗战的新局面。

1940年9月，中共东江特委召开上下坪会议，将部队整编为广东人民抗日游击队第3大队和第5大队，在东莞大岭山和宝安阳台山、广九铁路两侧地区开展游击战争。

在珠江地区，活跃着3支人民抗日武装。一是广东人民抗日义勇队，1938年10月下旬在广州近郊成立。11月，改编为广州市区游击第2支队。二是中共南顺工委领导的顺德抗日游击队，1939年2月19日成立，并取得国民革命军第四战区广东第1游击区第2支队游击司令部特务中队的番号。三是中共中山县委领导的黄礼大队别动小队。1939年春成立，进而扩编为"民利公司"第1支队第3大队。1940年9月，以顺德抗日游击队为基础扩编为"民利公司"第1支队，编入广游第2支队后，建立起禺南大谷围敌后游击区，逐步建立起西海抗日游击根据地。

在琼崖地区，中共琼崖特委领导的红军于1938年12月5日在云龙墟改编为广东省民众抗日自卫团第14区独立队。1939年3月，扩编为广东省民众抗日自卫团第14区独立总队，开辟了琼（山）文（昌）抗日游击根据地。至1939年年底，琼崖抗日军民共进行战斗70余次，歼日伪军800余人。除留一部兵力坚持琼文斗争并向琼东发展外，领导机关率另一部兵力于1940年2月西移琼（山）澄（迈）临（高）边的美合山区，创建了抗日根据地。1940年冬，独立总队发展到3000余人，活动在琼山、文昌、万宁、昌江、临高等11个县境。

在潮（安）汕（头）地区，中共潮汕中心县委领导的潮汕青年抗日游击大队于 1939 年 7 月 7 日成立，罗林任大队长，全队共 80 多人。
不久，接受国民革命军独立第 9 旅游击队的番号。独立第 9 旅游击队
组建后，多次进行游击作战，并配合国民党军打击日伪军。

华南敌后战场的开辟，有力地支援了正面战场的抗日斗争。华南
敌后战场与东北、华北、华中敌后战场并列为中国抗日战争四大敌后
战场，为抗日战争的胜利作出了重要贡献。

★ 全国各界各阶层抗战

九一八事变，震动了中国社会。面对日本帝国主义的武装侵略，
全国各族各阶层人民，在中国共产党的号召和推动下，开展了广泛的
抗日救亡运动。

青年学生是全国抗日救亡运动的先锋。从 1931 年 9 月末开始，各
地大、中学校学生由向当地政府请愿，发展到派代表或自行结队到南
京向国民党中央请愿，要求国民党政府停止内战，出兵抗日。一时间，
到南京督促政府出兵的学生达数万人之多。华北事变之后，轰轰烈烈
的一二九学生运动更是把全国的抗日救亡运动推向新的高潮。

工人在全国抗日救亡运动中发挥了重要作用。在上海，1931 年 9
月 24 日，3.5 万名码头工人举行反日大罢工，拒绝为日本船只装卸货
物。9 月 26 日，上海 100 多个工会和各界群众数万人召开大会，通过
了对日宣战、武装群众等决议案，会后还举行了示威游行。10 月 2 日，
上海 150 多个工会团体的 500 多名代表开会，通过多项决议，强烈要求
国民党政府立即出兵抗日，给义勇军发放枪械，同时呼吁世界工友主

持正义，与中国工人共同战斗。除上海外，北平、天津、南京、广州、武汉、青岛、太原、芜湖、重庆、长沙、桂林和汕头等地工人，也以各种不同的方式，开展抗日救亡运动。

与此同时，全国其他各界民众的抗日救亡运动也随之兴起。1931年9月21日，哈尔滨成立各界联合会，积极进行抗日活动。9月27日，由东北流亡到北平的知名人士阎宝航、卢广绩、高崇民等500余人，在北平成立"东北民众抗日救国会"，其宗旨是："抵抗日本侵略者，共谋收复失地，保护主权。"10月18日，北平工界抗日救国会成立，并通过从速组织抗日义勇军及募集爱国捐款等决议。南京农界亦成立抗日救国会，并通电全国农界，投入抗日救亡运动。上海80多个妇女团体召开大会，联合组成妇女救国大同盟，积极参加抗日救亡工作。全国其他城市的抗日救亡团体也纷纷成立，并积极开展抗日活动。

1937年8月，中共中央在《抗日救国十大纲领》中提出动员各少数民族共同抗日的方针。八路军在大青山建立了由蒙古族、汉族人民组成的抗日武装；在冀中建立了回民支队，由回族共产党员马本斋任司令员。此外，朝鲜族、满族、壮族、瑶族、黎族、苗族等少数民族人民，都为保卫民族利益，维护祖国独立和统一，反对日本侵略者进行了坚决斗争。

中共倡导的国共合作抗日受到全国各族人民、各民主党派和爱国民主人士的热烈欢迎，推动了全民族抗日统一战线的发展。著名的国民党左派领袖宋庆龄发表声明指出："举国上下团结一致，抵抗日本，争取最后胜利。"救国会领袖沈钧儒、邹韬奋等人赞成中国共产党的抗日民族统一战线政策，拥护以国共合作为基础的全国抗战团结。中华民族解放行动委员会在卢沟桥事变后，向国民政府提出普遍动员武装民众、实行民主政治等主张。国民党内的李济深、陈铭枢等领导的中华民族革命同盟，从1936年两广事变时的反蒋抗日转到拥蒋抗日。中国国家社会党、中国青年党、中华职业教育社、乡村建设派等都表示拥护政府抗战，拥护国共两党合作抗日。

全国的抗日救亡高潮深入城乡各个社会阶层。1937 年 7 月，上海一批社会名流成立上海抗敌后援会，蔡元培等组织了上海文化界救亡救国会。9 月，沙千里等组织了上海职业界救亡协会。同时，学生界、教育界、宗教界、妇女界都建立了各种形式的抗日救亡组织。在何香凝、宋庆龄倡议下，中国妇女抗敌后援会于 1937 年 7 月在上海成立。8 月，宋美龄在南京成立中国妇女慰劳自卫抗战将士总会。上海、北平、天津等大中城市的工人群众纷纷组织抗日义勇队、宣传队，支援前线，参军参战。

中国民族工商界人士也表现出高昂的爱国主义精神。他们踊跃认购救国公债，为前线将士捐赠物资。华中、华北地区的许多工商界人士把自己的企业搬迁到西南和西北后方省区继续从事生产，以支持长期抗战。上海著名实业家胡厥文等克服重重困难，积极组织民营厂商内迁。上海进步实业家沈鸿在八路军办事处协助下，将其所办的五金厂机器设备经西安迁往延安，对以后陕甘宁边区的工业生产起了重要的奠基作用。

中国人民抗日救亡运动的兴起，沉重打击了日本侵略者的嚣张气焰，显示了中国人民的巨大力量，促进了中华民族的觉醒，对中国抗战的发展起到了推动作用。

★ 台港澳同胞抗战

中国抗日战争期间，台湾、香港和澳门同胞作为中华民族的成员，始终以各种形式参加抗战。

台湾同胞的抗日斗争。1937 年全国抗战爆发后，台湾同胞从未停止反抗日本殖民主义统治的斗争。1937 年 7—10 月，日本强行驱赶 3 万多台胞开往中国大陆战场作战。这些台湾士兵从未忘记自己的民族身份，不时进行秘密的反战活动。1938 年 3 月，台湾工党领袖高斐反对征调台胞到大陆为日军作战，曾率领数千名矿工在宜兰暴动，进攻日军司令部，焚毁其火药库，与日军激战数小时后退入阿里山，与当地居民联合起来开展抗日游击斗争。同年 10 月，被征调的 300 名基隆壮丁被迫赴大陆战场作战时，他们在领取枪械后毅然举行了反战暴动，将在现场的 30 名日军杀死，并击毙前来增援的日军 145 名，然后便退入山中坚持抗日游击战争。

此外，还有许多台胞竞相冲破重重阻力，回到祖国大陆直接参加抗战斗争。据不完全统计，全国抗战时期先后到大陆参加抗战的台胞多达 5 万余人。其中许多人参加了八路军和新四军，来到战时首都重庆从事抗战工作。诸如台湾新竹人邹红，先后担任国民革命军第 2 军军长、第 35 集团军副总司令、粤桂边区总指挥等职，在抗日战场上率部杀敌，屡建奇功；台湾雾峰人林正亨也毅然投笔从戎，在远征缅甸的作战中，担任连长的他率部与日军进行殊死肉搏，身负重伤多达 16 处而终身致残；再如，台湾著名人士连横之子连震东，在日本庆应大学毕业后也投笔从戎，直接回到祖国参加抗日战争。

台湾同胞还在大陆组织了台湾革命同盟会，实现了全大陆台湾抗日力量的大联合。在大陆沿海一带还活跃着一支由台湾同胞组成的抗日武装，即李友邦领导的台湾义勇队。1942 年夏，台湾义勇队曾在厦门策划并实施了对日军的 3 次突袭行动，造成驻厦日军的极大恐慌。此外，台湾义勇队还创办了《台湾先锋》《台湾青年》，出版"台湾革命丛书"等，积极宣传抗战。

香港同胞的抗日斗争。全国抗战爆发后，香港的 30 多个工会组织了香港工人筹赈联合会，积极开展抗日活动。600 多所香港大中小学校学生于 1937 年 9 月 3 日成立了香港学生赈济会。1938 年 6 月，由宋庆龄领导和国内外知名人士发起的保卫中国同盟（简称保盟）在香港成立，募集大量捐款和物资，支援祖国抗战。1938 年 10 月广州失陷后，香港同胞纷纷组织抗日回乡服务团参加抗日斗争。

1941 年 12 月 25 日，日军占领香港后，许多爱国民主人士和文化界名人受困于香港九龙地区。1942 年年初，在中共中央和中共南方局的领导下，广东人民抗日游击总队港九大队直接参与了营救行动，将 800 余名各方面人士营救出来。其中包括爱国民主人士和文化界知名人士 300 余人；同时，还接应了踊跃报名到内地参加抗战的香港爱国青年 2000 余人。

澳门同胞的抗日斗争。全国抗战爆发后，澳门工商界和上层知名人士发起成立澳门各界救灾会，开展各种形式的抗日活动。由澳门学术界、音乐界、体育界和戏剧界的 50 多个群众性社会团体共同建立了澳门四界救灾会。1938 年 10 月，澳门四界救灾会先后有 11 个队 160 多名团员回到内地，积极开展抗日救国工作。澳门同胞还多次组织各种形式的募捐活动，积极为抗战筹集经费、军需给养和药品等。

港澳台地区人民的抗日斗争，有力地配合和支持了广东抗日游击战争的开展，为中国抗日战争的最后胜利作出了重要贡献。

★ 海外华侨抗战

在海外定居的 1100 万华侨，是支援祖国抗战的一个重要方面军。在中华民族生死存亡的关头，广大爱国华侨从财力、物力、人力等方面支援祖国的抗战。

海外侨胞对祖国抗战的支援从九一八事变爆发时就已开始。他们强烈抗议日本侵华，支持东北义勇军抗日。1932年一二八淞沪抗战期间，美国旧金山、芝加哥等地华侨踊跃捐献财物，支援第19路军抗战；归国侨胞组成一支250多人的华侨抗日义勇军奔赴淞沪抗日前线。

在支援祖国抗日救亡运动的同时，各地华侨逐渐组织起来，纷纷建立抗日救亡团体。1936年9月20日，英、法、德、荷、瑞士等国的华侨代表和各国来宾共450多人在法国巴黎召开大会，一致决定成立全欧华侨抗日救国联合会。

1938年10月，南洋各地45个华侨团体在新加坡成立南洋华侨筹赈祖国难民总会，即"南侨总会"，著名爱国侨领陈嘉庚任主席，庄西言、李清泉任副主席，下设68个分会。美国、加拿大、墨西哥、古巴、牙买加、英国、法国、瑞士、德国、苏联、意大利、土耳其及日本等国华侨也相继成立抗日救国团体。他们通过报刊、电台，利用学校、节日活动等形式，揭露和谴责日本法西斯侵略罪行，报道祖国人民英勇抗战的消息，动员华侨支援祖国抗战。

1943年9月，美国旧金山的旅美华侨救国会统一义捐救国总会，与纽约、芝加哥等地的侨团联合会成立旅美华侨救国会，成为美洲最大的抗日侨团。美洲致公党在司徒美堂的领导下，成立了"全美洲洪门总干部"的抗日团体。大洋洲和非洲华侨也建立了抗日救国团体。

捐款、认购国债、献物是华侨支援祖国抗战的主要方面。华侨以常日捐、特别捐、娱乐捐、纪念日劝捐、卖花卖物捐等形式筹捐款项，奉献祖国。据统计，从抗战开始到1941年年初，海外华侨向祖国捐款总额达法币226亿元，平均每月6000万元。新加坡爱国华侨胡文虎一次捐国币200万元，陈嘉庚按月捐款2000元，直至抗战胜利止。

全国抗战爆发后，国民政府发行公债30亿元，其中海外华侨认购1/3强。爱国华侨李俊承购买救国公债10万元。华侨还将巨额安家、赡养费寄回祖国，1938 年以前，平均每年多达 3 亿元，1939 年增至 11 亿元，1940 年达 20 亿元之多。全国抗战期间，侨汇达 95 亿美元以上。除了积极捐款海外华侨还向祖国捐献了大量物资。抗战初期，华侨捐献了 1000 多万件衣服、蚊帐。据 1940 年 10 月统计，华侨捐献飞机 217 架、坦克 27 辆、救护车 1000 辆，还有大量棉花、药品等。他们还通过各种途径，支援在敌后英勇抗战的八路军、新四军。

1938 年 6 月，宋庆龄在香港发起组织"保卫中国同盟"，从世界各地华侨中募集大批物资和医药用品，转送给中国共产党及其领导的抗日武装。

海外侨胞有大批人员归国直接抗战。在漫长的滇缅公路上有华侨司机大队 20 余个，成为国际运输线的主力。据统计，归国参战的粤籍华侨就达 4 万多人。还有许多华侨在居住国从事抗战工作。1941 年 12 月，太平洋战争爆发，南洋华侨与所在国人民一起抗日。此外，为了削弱日本帝国主义的经济力量，牵制其军事行动，南洋各地、美洲、欧洲等地华侨掀起了声势浩大的抵制日货、罢工、拒运军火物资的运动。

遍及世界各地的华侨抗日救国运动，与祖国的抗战遥相呼应，对中国抗日战争的胜利作出了重大贡献。

★ 相持阶段后，日本侵华战略方针的变化

抗日战争进入战略相持阶段以后，日本侵华战略方针先后进行了两次战略调整。

　　第一次调整：日本在发动全面侵华战争初期，企图以强大的武力一举征服中国，但到 1938 年武汉会战结束，战争全局却呈现出与日本速战速决的战略初衷完全背离的状况。中国实行全民族抗战，按照全面持久抗战的思想，一方面在正面战场节节抵抗；另一方面在日军后方大力开展游击战争，逐步形成了正面和敌后两个战场的基本格局。在北起绥远、南至广东的约 4000 公里正面，日军面对着 200 多个师的中国军队。在相当于日本国土约 3 倍的 100 多万平方公里的战线后方，中国共产党领导的抗日游击战争蓬勃展开。至 1938 年 10 月，八路军、新四军已由改编时的 5 万余人发展到 18 万余人，迫使日军只能局限于主要城镇和主要交通沿线。在同时应付前后两个战场的态势下，日军若想继续维持战略进攻，就必须投入更大的兵力和更多的资源，并承担远甚于以往的人员和物资的消耗。因此，日本不得不对其侵华战略作出重大调整，放弃已经破产的速战速决方针，将侵华战争的主轴转到持久作战的轨道上，因而，进行了一系列重大的战略调整。

　　一是将战略为主、政略为辅改为政略为主、战略为辅。全面侵华战争初期，日本非常迷信其军事力量。但是，随着战争的扩大和持久趋势渐趋明显，日本军部从实际的战争进程中感受到武力作用的局限性。武汉会战后，日本不得不放弃单纯依靠武力征服的方针。1938 年 11 月 3 日，日本首相近卫文麿发表了"东亚新秩序"声明，"如果国民政府抛弃以往的一贯政策，更换人事组织，取得新生的成果，参加新秩序的建设，我方并不予以拒绝"。标志着日本侵华战略开始转向政治攻势为主、军事打击为辅，意味着日本企图以承认国民政府存在为条件，诱使国民政府对日妥协。

　　二是大大减轻对正面战场的战略进攻，集中力量巩固占领区。1938 年 12 月 6 日，日本陆军在《1938 年秋季以后对华处理方策》的文件中，对今后军事战略的诸要点作了阐述。第一，放弃速战速决，准备长期战争。第二，明确规定军事要服务政治。第三，限制作战空间、规模和强度，以减少消耗。第四，把作战重心转向巩固占领区。为此，要"固定配备充分的兵力"，而对正面战场则要求把"兵力配备限制在最少限度内"。

三是建立长期自给的作战体制，以适应持久战争的需要。1939年3月30日，日本陆军省和日军参谋本部在《从战争指导观点出发处理目前各案件的准则》中规定，要把在"治安地区，特别是在其中的主要地区进行必要的建设"作为进行持久战争的重要方面。鉴于战争的长期化已经不可避免，日本开始要求侵华日军努力提高独立生存能力，实现长期自给，企图以"节流"的方法减轻日本的国力负担。

第二次调整：1941年是日军着手南进、走向太平洋战争的关键性一年。日军侵华战略调整的核心内容是坚持持久战态势，在正面战场实施"兵力渐减"方针，在占领区则强化"治安肃正"作战。为此，日军动员其侵华的大部分兵力和其他各方面的力量，对抗日根据地实行以"治安强化运动"和"清乡"为主要内容，以"扫荡""清剿""蚕食"为主要手段，以政治、经济、文化、思想等相配合的"总力战"，并实行野蛮的烧光、杀光、抢光的"三光"政策，企图彻底摧毁抗日根据地。

★ 中共六届六中全会

就在日本着手调整其侵华战略期间，中共中央及时预见到即将到来的重大变化，并于1938年9月29日至11月6日，在延安召开扩大的第六届中央委员会第六次会议。出席会议的有12名中央政治局委员，

5名中央委员，以及中央各部门和全国各地区的负责人38人，共计55人。会上，王稼祥传达了共产国际的指示，毛泽东代表中央政治局作了《论新阶段》的政治报告和《战争和战略问题》《统一战线中的独立自主问题》的报告。张闻天、周恩来、朱德、项英、陈云、刘少奇、贺龙等也分别向会议报告了各方面、各地区的工作情况。

会议通过了毛泽东《论新阶段》的政治报告和《中共中央扩大的六中全会政治决议案》及关于召集党的第七次全国代表大会的决议，制定了有关党的组织机构和纪律原则的一系列文件，通过了致各国共产党、致八路军和新四军全体指战员、致东北义勇军及东北同胞电以及告全国同胞、国共两党同志书。

会议正确总结了抗战经验，分析了抗战形势，指出抗战必胜的前途；批判了"一切经过统一战线""一切服从统一战线"的右倾投降主义错误，强调在巩固和扩大抗日民族统一战线，以长期合作支持长期战争的同时，必须坚持实行统一战线中的独立自主原则，坚持无产阶级及其政党的独立性，坚持实行既联合又斗争的方针；指出党领导人民抗日武装斗争的极端重要性，把党的工作重点放在战区和敌后，提出"巩固华北""发展华中、华南"的战略方针；要求全党努力学习马克思列宁主义理论，善于把马列主义和国际经验应用于中国的具体环境，反对教条主义；批评在干部问题上的自由主义、宗派主义倾向和"任人唯亲"的干部路线，制定了一条马克思主义的组织路线，并强调增强党的团结和加强党的纪律的重要性。

会议决定撤销长江局，设立中原局和南方局。中原局负责长江以北河南、湖北、安徽、江苏地区党的工作，刘少奇任书记；南方局负责长江以南地区的工作，周恩来任书记；原由长江局领导的东南分局改为东南局，项英任书记。

在战争形势即将发生重大变化的历史关头，中共中央及时制定了新阶段的战略方针和任务，为全党全国人民坚持抗战作了预先部署。

会议基本上克服了王明右倾投降主义的错误，增强了党的团结，使全党统一于中央正确路线的指导之下，为实现中国共产党对抗战的领导奠定了政治、思想及组织基础。

★ 国民党五届五中全会

武汉会战结束后，国民政府虽然继续主张抗战，但表现出很大的动摇性。由于正面战场的压力减轻，再加上日本诱降和英、美等国对日妥协的影响，以及对中国共产党领导的人民抗日力量发展壮大的忧惧，国民政府的内外政策开始出现重大变化，抗日的一面日趋消极，"反共"的一面逐步加强。1938 年 11 月 25—28 日，国民政府军事委员会在衡阳召开南岳军事会议，确定了第二期的作战指导方针及相应的部署调整。

继南岳军事会议之后，1939 年 1 月 21—30 日，国民党在重庆召开第五届中央执行委员会第五次全体会议。国民党中央执行委员、监察委员 155 人出席了会议，蒋介石主持会议。

会议就进入二期抗战中的政治、经济、军事、教育、与共产党的关系及对日外交等各项问题，提出 35 件议案，通过多项决议，包括一些秘密决议。蒋介石在会上作题为《唤醒党魂，发扬党德与巩固党基》和《整顿党务要点》的报告，强调要整顿国民党组织，巩固国民党队伍，以增强国民党对全国的控制能力。蒋介石在谈到对日方针问题时，一方面大讲日本必败，中国必胜，表示"以必死之心来抗战"；另一方面又表示，抗战到底就是恢复到卢沟桥事变以前的状态，若能实现这一目标，就可与日本停战言和。

会议通过《国防最高委员会组织大纲案》，决定设置国防最高委员会，作为集国民党党、政、军于一身的战时最高权力机关与最高指挥机关，委员会设委员长1人，由国民党的总裁兼任，这就加强了蒋介石的个人独裁权力，使其独掌一切大权的地位更加具体化。会议通过《改进县以下党政机构案之实施案》，决定设置县政党计划委员会，试行新县制，以强化国民党政权的基层统治。全会讨论和制定了经济政策，通过了财政金融、税收、工业政策及进出口贸易、外汇管理等方面的施政原则。全会集中讨论了反共问题，秘密通过一系列"反共"议案，包括《异党问题处理办法》《限制异党活动办法》等，决定设立"防共委员会"，确定实行"溶共、防共、限共"的"反共"方针。

国民党五届五中全会是抗日战争进入相持阶段之后，国民党统治集团的对内外政策开始向退步、消极、"反共"的方面转化的重要标志。会议确定实行"溶共、防共、限共"的"反共"方针，使得全国抗战初期国共两党比较融洽的合作关系发生了重大倒退，并对全国抗日民族统一战线的坚持与发展产生了极为严重的消极影响。

★ 陈庄战斗

陈庄战斗是抗日战争时期八路军第120师主力及晋察冀军区部队一部，在河北省灵寿县陈庄、西岔头地区，对进犯晋察冀抗日根据地的日军进行的一次伏击战。

1939年9月，第120师主力奉命由冀中平原转移至晋察冀边区行唐地区整训待命。9月25日，日军独立混成第8旅团旅团长水原亲率第31大队及伪军一部共1500余人，自灵寿进占慈峪，并有北犯征候。第120师师长贺龙、政治委员关向应获悉日军行动后，当即命令第358旅第4团担任行唐、曲阳方向的警戒；第359旅第719团、晋察冀军区第4军分区第5团在慈峪以北地区，节节抗击，诱敌深入；第358旅第716团、独立第1旅第2团、独立第1支队等部，隐蔽集结于口头镇秦家台羊、牛下口地区，准备将进犯的日军歼灭于东西岔头至南北谭庄地区。

26日，日军在慈峪以北的南北伍河及北霍营地区遭第719团阻击，于当日午后退回慈峪，并伪装向灵寿撤退。27日拂晓前，日军除留部分兵力据守慈峪外，主力1100余人奔袭并占领陈庄。第120师首长判断日军孤军深入，增援和补给困难，必将迅速撤离，并针对日军一般不沿原路撤退的特点，决定在陈庄以东地区伏击歼灭日军，遂立即调整部署：第719团、第4团继续担任曲阳、行唐方向的警戒；第716团、第2团、独立第1支队，进至陈庄以东地区设伏。同时，令独立第1支队和第2团各派1个营截歼可能从原路返回的日军。

侵占陈庄的日军，在独立第1支队等的袭扰下，于28日东撤。10时许，日军全部进入八路军伏击地区。独立第1支队、第716团、第2团突然发起攻击。日军慌乱，企图夺路东逃。双方展开激战。14时，第120师将第4团适时调至石嘴，占领破门口以东阵地，堵住日军逃路。被围日军告急，灵寿、慈峪日军800余人增援，在白头山地区遭第719团阻击。增援日军虽多次组织攻击，均未奏效。29日拂晓，被围日军待援无望，突破第2团阵地，夺路南逃。第5团奉命先机抢占鲁柏山制高点堵住日军去路。而后第716团、独立第1支队及第2团等部尾追赶到，重新将日军包围于鲁柏山西侧鞍部万寿院地区，激战竟日，全歼被围日军。30日7时，被阻于白头山地区之日军大部绕路向沙湾进攻，被第4团击退。当日下午战斗结束。

这次战斗，歼日伪军1200余人，缴获许多战利品，对孤军深入抗日根据地的日军是个沉重的打击。陈庄战斗是一次成功的伏击战，是中国抗战时期我军以劣势装备战胜优势装备之敌的著名战例之一。

★ 齐会战斗

齐会战斗是八路军第 120 师主力和晋察冀军区所属第 3 纵队兼冀中军区部队一部在河北省河间县齐会地区对进犯日军实施的外线速决的进攻战。

1939 年 4 月 20 日，第 120 师师部和独立第 2 旅到达河间东北齐会地区，与独立第 1 旅靠拢，准备整训。得悉河间日军 800 余人、伪保安队数十人，随行大车 80 余辆，满载给养弹药向北进犯，22 日到达齐会西面的三十里铺。第 120 师师长贺龙和政治委员关向应判断：这股日军可能在北面敌军配合下实施合击，而第 120 师在该地区有 7 个团近万人，兵力占绝对优势，决心抓住战机，消灭敌人之一路。

23 日拂晓，三十里铺之敌东犯齐会村，包围了驻齐会村的第 716 团第 3 营。正当双方进行争夺战时，八路军后续部队赶到，对敌实施反包围。敌与我双方经 8 个小时激战，伤亡过大，既无力击破齐会村内之守军，又无力打破我之反包围，双方形成对峙之势。23 日 17 时，敌对我守军施行火攻，并向齐会和师部驻地大朱村发射毒气弹，正在前沿阵地指挥的第 120 师师长贺龙中毒，仍继续指挥战斗，使敌人突围的企图无法得逞。同时，从任丘和吕公堡向南进犯之敌也被八路军独立第 2 旅第 5 团阻击，从大城出发增援之敌则被八路军冀中军区第 3 军分区第 27 大队阻滞，无法与齐会之敌会合。第 120 师师部认为，齐会地区之敌已成孤立状态，有乘夜突围之可能，遂决定一面加紧进攻，一面做好防敌突围的准备。

4月24日晨，第716团主力与齐会村内第3营打通了联系。当敌军向南逃至马村时，遭到第715团伏击，于是折向东北抢占找子营，并向南留路猛攻，企图夺路东窜，却又遭独立第1旅第3团的顽强反击。该团虽系新部队，但在骨干老战士的带领下打得非常英勇，团政委朱吉昆3次负伤不下火线，最后英勇牺牲。激战终日，敌仍未攻下南留路，而我主力已将敌团团围住。24日夜，我军发起攻击，占领找子营。4月25日晨，敌向张曹方向溃逃，遭我伏击；窜回南留路，又被独立第1旅第3团击退，我追击部队终将敌包围于南留路西南之张家坟地中。经两昼夜激战，敌伤亡惨重，准备夜间突围。当日黄昏，狂风骤起，尘土蔽天，日军乘机南逃。第120师追击10余公里，残敌100余人、大车10余辆逃回河间。

齐会战斗，第120师在日军据点稠密的狭小平原地区集中7个团之兵力，连续作战3昼夜，歼敌700余人，取得了平原歼灭战的第一个重大胜利，有力地打击了日军的嚣张气焰，提高了冀中军民开展平原游击战的信心。

★ 陆房突围战

陆房突围战是八路军第115师等部在山东省肥城县陆房地区突破日伪军包围的战斗。

1939年4月，八路军总部命令第115师代师长陈光、政治委员罗荣桓率师主力一部开赴山东，到达鲁西地区。取得了樊坝等战斗的胜利。第115师的东进和取得的胜利，使日军大为不安。

1939年5月初，日军从济南、泰安、兖州、东阿、汶上等地调集5000余人和伪军一部，汽车、坦克100余辆，大炮100余门，在山东日军最高指挥官尾高次郎亲自指挥下，分9路向泰（安）肥（城）山区进行"扫荡"。5月2日，敌先对我汶河南岸及东平、汶上地区的外围部队进行"扫荡"。9日，各路之敌接近山区，采取稳扎稳打、步步为营的战法，逐步向我军合围。

10日，第115师决定留第686团两个营坚持在内线与敌斗争，余部分头突围：师领导机关、师直属队与津浦支队向大峰山区转移；山东纵队第6支队向平阳、东阿方向转移。但这时各路之敌已相互衔接，各路接合部之间配有机动部队严密封锁山口隘路。山东纵队第6支队对道路熟悉，顺利跳出包围圈，但第115师师部、师直属队等机关部队则为敌所阻，连同中共鲁西区党委和泰西地委等机关，均被围困在肥城以南陆房一带纵横不足10公里的地区内，处境非常险恶。

第115师师部当机立断，指挥部队凭借陆房周围的山地进行抗击。5月11日拂晓，敌向我军阵地全线发起进攻，我军指战员沉着顽强地迎击敌人，打退了日军的多次攻击。11日15时许，敌集中兵力和全部炮火发动总攻，企图攻占我整个阵地的制高点，将我压到山下一举歼灭。第686团战士英勇奋战，打退敌人9次冲击；津浦支队和师特务营也打垮敌人五六次攻击；师骑兵连奇袭陆房东北安临之敌，与敌骑兵进行激战，杀伤大量敌人。

入夜后，第115师师部决定利用日军收缩兵力不敢夜战的弱点，将各部队逐渐收拢，整编组织，派出小股部队对敌进行袭扰迷惑，大部队则乘机穿过敌包围圈的空隙，沿着沟渠小道分别向东南和西南突围。12日晨，全部跳出敌人包围圈。

陆房突围战斗，共毙伤日伪军1300余人，八路军伤亡360余人，粉碎了日军围歼八路军第 115 师主力的企图，为山东抗日根据地的发展和巩固创造了条件。

★ 百团大战

百团大战是八路军在华北地区使用 105 个团的兵力，向日军占领的交通线和据点发动的大规模战略性进攻战役。

1940 年夏，日本以华北方面军所属的 9 个师团、12 个混成旅团和 1 个骑兵集团的兵力，加紧推行"肃正建设计划"和"囚笼政策"。一面修路筑坝，对抗日根据地分割封锁；一面连续不断地对根据地"扫荡"，将进攻的矛头直指华北抗日根据地。为粉碎日军对八路军的全面进攻，争取华北战局的有利发展，破坏日军的侵略计划，八路军副总指挥彭德怀和副参谋长左权与晋察冀军区和第 129 师领导人商量，决定以正太铁路为重点，对华北各主要交通线进行破击战。直接参战的有晋察冀军区、第 120 师、第 129 师和总部直属队的部队共 105 个团，约 27 万人，另有大量地方游击队和民兵参战，故称"百团大战"。百团大战经历 3 个阶段。

第一阶段（1940 年 8 月 20 日至 9 月 10 日）。该阶段的中心任务是摧毁正太铁路交通。共 22 个团参战。其中：晋察冀军区司令聂荣臻率 10 个团，负责正太路东段，主要破坏石家庄至平定的铁路，重点在娘子关至平定段；刘伯承、邓小平率第 129 师 8 个团，负责正太路西段，主要攻击平定至榆次的铁路，重点在阳泉、张净镇段；贺龙率第 120 师，负责破击平遥以北同蒲线及汾离公路，重点在阳曲南北，目的是阻敌向正太线增援。

第二阶段（1940 年 9 月 22 日至 10 月上旬）。该阶段的主要任务是继续破坏日军的交通线，并摧毁日军深入抗日根据地的主要据点。攻打涞源、灵丘、榆社、辽县等几个县城。

第三阶段（1940 年 10 月上旬至 1941 年 1 月 24 日）。该阶段的主要任务是反击日军的报复性"扫荡"。

百团大战历时 5 个多月，八路军先后进行大小战斗 1824 次，歼灭日军 20645 人、伪军 5155 人，俘虏日军 281 人、伪军 18407 人，收复数十座县城，攻克日伪据点 2993 处，破坏铁路 474 公里、公路 1500 余公里，毁坏桥梁、隧道、车站 260 余处及煤矿 5 座，缴获各种枪 5900 余支（挺）。八路军付出伤亡 1.7 万余人、中毒 2 万余人的代价。

百团大战是八路军在敌后战场发动的一次规模最大、持续时间最长的攻守兼备的战略性战役，也是在国际法西斯侵略气焰极度嚣张，中国抗战面临严峻考验的关键时刻实施的一次具有重大意义的战略行动。在军事上，百团大战沉重打击了日军在华北地区的"囚笼政策"，巩固了华北抗日根据地，并迫使日军不得不进一步从正面战场抽调兵力对付敌后抗战力量，从而策应了正面战场的作战；在政治上，百团大战粉碎了国民党顽固派对八路军"游而不击"的污蔑，极大地振奋了全国的抗战信心，抑制了国民党内对日妥协的倾向。

★ 冉庄地道战

冉庄地道战是抗日战争时期广泛的多种形式的群众性游击战争的

代表。

冉庄位于河北省清苑县。1941年秋，冀中平原的抗日斗争进入困难阶段，日伪军"扫荡"日益残酷。冀中人民抗日武装为了保存自己，消灭敌人，坚持抗战，开始挖掘和利用地道对日伪军进行斗争。1941年冬，冉庄民兵先在自己家中挖了单口隐蔽洞（俗称蛤蟆蹲），很快遭到日伪军的破坏。后又把单口隐蔽洞改造成能进能出的双口隐蔽地道，但仍不能适应战斗需要，多数地道遭到破坏。

1942年夏季反"扫荡"开始后，中共冀中区委和八路军第3纵队兼冀中军区号召冀中人民普遍开展挖地道的活动。地道的构造不断改进和完善，初步形成户户相通、村村相连，既能隐蔽转移又便于依托作战的地道网络，成为长期坚持冀中平原抗日斗争的坚强地下堡垒。冉庄的地道也有较大的发展，共有4条主要干线、24条支线。村内户户相通，向外可通往孙庄、姜庄等村，全长30余华里。地道一般宽1米、高1.5米、顶部土厚2米以上；地道内设有瞭望孔、射击孔、通气孔、陷阱、活动翻板、指路牌、水井、储粮室等，形成能打、能藏、能机动的阵地体系。

冉庄民兵依托地道，并与地面工事和地雷战相结合，采取灵活机动的战术，在多次战斗中给日伪军以沉重的打击。1943年1月7日，30名日伪军进村抢掠，冉庄民兵利用地道进行作战，毙伤其4人。1945年4月1日，日伪军500余人向冉庄发动进攻。冉庄民兵20余人利用地道进行作战，毙伤日伪军13人，迫其撤退。6月20日，驻保定日军率伪军1个团1000余人向冉庄进犯，冉庄民兵30余人先在村边进行阻击，而后迅速转入地道，通过瞭望孔观察到一群伪军冲到村东企图破坏地堡工事，当即拉响地雷，炸死伪军数人。与此同时，民兵们也纷纷从暗室和高房工事等向日伪军射击，毙伤其29人。日伪军被迫撤退。23日，日伪军又调集2000余人的兵力，再次进犯冉庄，先用迫击炮向村内猛烈轰击，随后，步兵迅速向村内冲击。当其进至村门时，踏响了民兵用水壶、铁桶等制造的地雷，数名日军被炸死。日伪军进村后，见四处空无一人，便东冲西撞，盲目射击。当大批日伪军进入村北布雷区时，守候在暗室里的民兵立即拉响地雷，炸死日伪军多人。经 13 小时激战，冉庄民兵仅以轻伤 1 人的代价毙伤日伪军 33 人，打退了日伪军的进攻。从 1942 年至抗日战争胜利，冉庄民兵共进行地道战 11 次，毙伤日伪军 96 人，并缴获许多武器、弹药和其他军用物资。

冉庄地道战是中国共产党领导的冀中平原抗日军民的一个创造，是坚持平原游击战争的一种有效的作战形式。日军惊呼：冀中出现了奇幻战争！如今，冉庄地道战遗址已经成为著名的爱国主义教育基地和红色旅游景点。

★ 新民主主义理论的形成

毛泽东发表的《新民主主义论》等一系列重要论著，在中国第一次提出了新民主主义的完整理论，为抗日根据地的全面建设提供了理论指导。

1940 年前后，国民党不断地进行反共磨擦，并且在思想上大肆宣扬"一个主义、一个政党、一个领袖"，攻击共产主义，要"取消"共产党。资产阶级要走"中间道路"，幻想建立资产阶级共和国。在共产党内和人民中间，认识也不一致。在这种情况下，从 1939 年 10 月到 1940 年 1 月，毛泽东相继发表了《〈共产党人〉发刊词》《中国革命和中国共产党》《新民主主义论》等重要著作，系统地提出了新民主主义理论，集中向全党和全国人民回答了关于中国革命和中国前途的一系列基本问题。

　　文章从分析中国社会的性质、特点和主要矛盾入手，论述了中国革命的历史进程、现阶段革命的性质和任务以及政治、经济和文化纲领。毛泽东指出，中国社会是一个半殖民地半封建社会，中国社会的主要矛盾是帝国主义和中华民族的矛盾、封建主义和人民大众的矛盾，由此决定，中国革命必须分两步走，第一步是民主主义革命，第二步是社会主义革命。同时，他又指出，这是性质不同的两个革命阶段。现阶段的革命是民主主义的革命，但是它又不同于过去的旧的资产阶级民主主义革命，因为十月社会主义革命的胜利划分了整个世界历史的时代，在这个时代，任何反对帝国主义的革命都不再属于旧的资产阶级民主主义革命的范畴，而是属于新的无产阶级社会主义革命的一部分，即新民主主义革命。毛泽东指出，民主主义革命和社会主义革命的关系是，民主主义革命是社会主义革命的必要准备，社会主义革命是民主主义革命的必然发展趋势。他还明确指出，现阶段的民主革命之所以是民主主义革命，主要是因为这个革命的政治指导者自五四运动后已经属于无产阶级了。毛泽东指出，中国新民主主义革命的任务，就是对外推翻帝国主义的压迫，对内推翻封建地主阶级的压迫。他还完整地提出了中国新民主主义革命的政治、经济和文化纲领。政治纲领就是建立无产阶级领导下的，以工农联盟为基础的，一切反帝反封建的革命阶级联合专政的新民主主义共和国；这个共和国政权，实行民主集中制的人民代表大会制度。经济纲领，就是没收中外资本开设的具有独占性质或规模过大的大银行、大工业、大商业归新民主主义共和国的国家所有，并使它成为社会主义性质的国营经济和整个国营经济的领导力量；实行"节制资本"，允许"不能操纵国民生计"的私人资本主义生产的存在和发展；实行"耕者有其田"，没收地主土地，分配给无地少地的农民，在此基础上发展具有社会主义因素的合作经济。文化纲领，就是发展以共产主义思想为反帝反封建的文化，即民族的、科学的、大众的文化。

毛泽东关于新民主主义理论的完整阐述，是马克思列宁主义与中国革命实际相结合的理论结晶，是对马克思列宁主义的丰富和发展。这一理论的提出，适时澄清了国民党"反共"宣传所造成的思想混乱，回答了广大人民群众迫切需要回答的认识问题，不仅对中国抗战具有重要的现实指导作用，而且对中国革命具有长远的指导意义。

★ "三三制"和"精兵简政"政策

"三三制""精兵简政"是抗日根据地政权建设的基本政策。

全国抗战爆发后，八路军、新四军挺进敌后，开辟敌后战场，建立抗日根据地。在各抗日根据地中普遍建立了抗日民主政权。为了巩固抗日根据地，必须进一步巩固和扩大抗日民族统一战线，加强抗日民主政权的建设。中共中央要求各抗日根据地普遍贯彻执行"三三制"原则，建立健全抗日根据地的民主制度，从政治上团结各抗日阶级、阶层。

1940 年 3 月 6 日，中共中央明确指出：华北、华中抗日民主政权是统一战线性质的政权。政权的组织结构必须实行"三三制"，即共产党员、非党左派进步分子和中间派分子各占 1/3。其施政方针"应以反对日本帝国主义，保护抗日的人民，调节各抗日阶层的利益，改良工农的生活和镇压汉奸、反动派为出发点"。

同年 3 月 11 日和 7 月，毛泽东先后在延安党的高级干部会议上的讲话和《团结到底》的文章中反复强调建立"三三制"抗日民族统一战线政权的重要性。

抗日根据地普遍实行的"三三制"政策，是中国共产党抗日民族统一战线基本方针在政权问题上的具体体现。这一政策从政治上调节了抗日根据地各阶级、各党派的相互关系，巩固和发展了抗日根据地人民团结抗战的力量，促进了全国抗日民主运动的发展，为敌后抗战渡过严重困难阶段奠定了重要的政治基础。

"精兵简政"是民主人士李鼎铭于1941年11月在陕甘宁边区第二届参议会第一次会议上首先倡议的。李鼎铭等人的提案指出："军事政治之建立，必须以经济力量为基础。在今日人民困苦，资源薄弱之状况下，欲求不因经济枯竭而限制军政发展，亦不因军政发展而伤害经济命脉，惟有政府彻底计划经济，实行精兵简政主义。"中共中央非常重视这个倡议。

1941年12月7日，中共中央在给各抗日根据地的工作指示中要求："为进行长期斗争，准备将来反攻，必须普遍的实行'精兵简政'。"指示具体要求各根据地的党、政和民众团体的全部脱产人数应力求不超过甚至少于居民总数的3%。

在此之前，中共中央军委已于1941年11月作出《关于抗日根据地军事建设的指示》，要求主力军实行"精兵主义"，主力军与地方军比例，在山区为2∶1，在平原为1∶1，在某些最困难地区，主力军全部地方化。

根据中央军委的指示，八路军、新四军普遍缩小了机关，充实了连队，撤销各纵队的指挥机构，并将大部主力旅与军分区合并，加强地方军，形成了主力军、地方军和民兵、自卫队三结合的武装力量体制。

通过"精兵简政"，各抗日根据地"鱼大水小""头重脚轻"的状况得到了根本扭转，成功地解决了机构庞大和受到战争破坏的社会经济缺乏足够承受力之间的矛盾，充实和加强了基层，使抗日根据地的建设更加适合游击战争的需要，促进了广泛的群众性游击战争的开展；同时，大大减轻了人民负担，进一步密切了党、军队和群众的联系。

★ "减租减息" 政策

"减租减息"是抗日根据地经济建设的一项重要内容。

"减租减息"是中国共产党在抗日战争时期处理农村土地问题，广泛发动和团结农村各阶级积极参加抗日战争的重要政策。制定减租减息政策的基本考虑在于，抗日战争是一场关系中华民族生死存亡的民族解放战争，面对凶恶而强大的日本帝国主义，没有广泛的包括各阶级参加的统一战线，抗战的胜利是不可能的。因此，在解决广大贫苦农民面临的政治压迫和经济剥削的同时，还必须顾及农村中其他群众的利益，在他们所能接受的范围内改革农村中的生产关系，以团结他们共同参加民族解放战争。因此，中共中央于1937年8月在洛川召开的政治局扩大会议上，正式决定将减租减息作为抗战时期解决农村问题的基本政策，写进了《抗日救国十大纲领》，并逐步贯彻落实。

在各敌后抗日根据地中实行减租减息政策最早的是晋察冀边区。1938年2月，边区政府颁布了《晋察冀边区减租减息单行条例》，减租减息成为边区政府施政的主要内容之一。晋察冀根据地创建之后，各地先后作出了"五一减息""二五减租"和"分半减息"的决定。1940年12月25日，毛泽东在《论政策》的党内指示中强调指出："现在的政策，一方面，应该规定地主实行减租减息，方能发动基本农民群众的抗日积极性……另一方面，要规定农民交租交息，土地所有权和财产所有权仍属于地主。"1942 年 1 月 28 日，中共中央发布了《关于抗日根据地土地政策的决定》，重申了"党在各抗日根据地实行的土地政策，是抗日民族统一战线的土地政策，也就是一方面减租减息一方面交租交息的土地政策"，并强调，承认农民是抗日与生产的基本力量，承认地主的大多数是有抗日要求的，承认资本主义生产方式是中国现阶段比较进步的生产方式这 3 点是制定抗日民族统一战线的土地政策的出发点。根据中共中央的指示，各抗日根据地陆续贯彻执行了减租减息政策，并颁布了减租减息条例。

减租减息的政策的具体内容，各地实施情况不一，但是有一个基本的口号叫二五减租，分半减息。二五减租就是在原来租息的基础上减少 25%，各地实行过程中有的会高一点儿，有的会低一点儿，但是基本的政策导向标准是二五减租。

减租减息促使各抗日根据地社会结构发生了深刻变革，把广大农民群众发动与组织起来，使上层人士和开明士绅增强了对抗日民族统一战线的信心，从政治上、经济上巩固和加强了根据地建设，奠定了抗日根据地战胜严重困难的坚实基础。这对抗日根据地战胜日军的军事、政治、经济、思想文化的"总力战"，有着极为重要的作用。

★ "大生产运动"

"大生产运动"是抗日根据地经济建设的一项重要内容。

抗日战争进入相持阶段以后，日军把军事进攻的重点逐渐转向占领区，并在长期争夺、逐步巩固的目标下，于1941年起把侧重于军事进攻调整为军事、政治、经济、思想文化等方面的全面的"总力战"。对抗日游击区采取渐进的"蚕食"手段，将伪组织的统治逐步从边沿向前推进。对抗日根据地，日军则以军事反复"扫荡""清剿"为主，实行毁灭性杀光、烧光、抢光的"三光"政策，大肆烧杀抢掠，以毁灭抗日根据地的生存条件。除军事进攻外，日军出于持久围困的目的，实行堡垒政策，到处筑路、修建据点，使各抗日根据地处于被包围、分割的境地，以致抗日根据地面积大为缩小，工农业生产也遭到极大摧残。

从1940年11月起，国民党政府军政部停发八路军的薪饷、弹药、被服等物资，并继续以几十万军队对陕甘宁等抗日根据地实行包围和封锁，敌后抗日根据地的对敌斗争越来越尖锐，形势越来越严峻。

此外，这一时期各抗日根据地频繁遭受严重的自然灾害，1941—1942年华北敌后根据地物资困难达到极其严重的地步。频繁不断的战斗，使部队损失严重。1942年八路军、新四军由50万人减为约40万人。一些抗日民主政权被摧毁。根据地面积缩小，总人口由1亿减至5000万以下，生产遭到严重破坏，财政经济极端困难。

1939年2月，中共中央在延安召开生产动员大会。毛泽东在会上发出了"自己动手，自力更生，艰苦奋斗，克服困难"的伟大号召。毛泽东指出："发展经济，保障供给，是我们的经济工作和财政工作的总方针。"

遵照中共中央、中央军委和毛泽东的指示，全军凡有条件的部队均依据不同环境、条件，开展生产运动，一面战斗，一面生产，一面学习。边区军民和各抗日根据地掀起了轰轰烈烈的大生产运动。

驻陕北的八路军第359旅开赴延安以南的南泥湾地区，实行"屯田政策"，经过两年辛勤劳动，至1942年全旅粮食自给率达80%，经费自给率达90%以上，大大减轻了人民负担。八路军第359旅经过几年奋战，使荒芜的南泥湾变成了"陕北的好江南"，因而成为大生产运动的一面旗帜。

抗日根据地的大生产运动和经济建设取得了巨大成就，农业和工商业都得到迅速发展，人民生活明显改善。这为抗日根据地渡过严重困难，巩固根据地抗日民主政权，支持敌后长期战争，争取抗战胜利，奠定了物质基础；同时，发扬了共产党的自力更生、艰苦奋斗的光荣传统，积累了一些经济建设的经验，培养了一批经济工作干部。

★ 抗日根据地的文化建设

中国共产党积极实行抗战教育政策，在《抗日救国十大纲领》中指出，应该"改变教育的旧制度、旧课程，实行以抗日救国为目标的新制度、新课程"。陕甘宁边区和各敌后抗日根据地全面开展了抗战教育工作。

首先是大力开展干部教育。中国人民抗日军事政治大学（简称抗大）是中共中央举办的一所最高军事学府。全国抗战开始前，抗大即开始创办。1939 年 7 月，抗大总校迁到晋察冀抗日根据地，1940 年 2 月又移至晋东南。抗大先后在各抗日根据地办了 10 余所分校，共培养了 10 多万名干部，为敌后抗日根据地和抗日武装的发展作出了重要的贡献。

中共中央党校是中共中央举办的专门负责培养党的高、中级领导干部的学校。董必武、毛泽东等领导人先后兼任中央党校校长。毛泽东为中央党校题词："实事求是。"

此外，中共中央在延安和陕甘宁边区还陆续兴办陕北公学、马列学院、鲁迅艺术学院、女子大学、工人学校、卫生学校、通讯学校、农业学校、自然科学院、医科大学、青年干部学校、民族学院、师范学校、行政学院等一大批干部学校和各类干部训练班，培养出大批军事、政治和其他各类专业干部。

其次，普遍开展小学教育和社会教育。1936 年，陕甘宁边区只有 120 所小学，不足 500 名学生；到 1940 年，已建有 1341 所小学、7 所中等学校、4 所师范学校，仅小学生就达到 4.3 万余人。

此外，边区政府还全力开设夜校、冬学、巡回训练班、识字促进会和识字组等，进行全民性的文化普及工作。1937 年陕甘宁边区开始大办冬学，到 1940 年开办各种社会教育组织 5469 处，学生近 6 万人。抗日根据地社会教育的发展，使文化教育十分落后的中国农民学到了一定的文化知识，尤其是大批青壮年在一定程度上摆脱了文盲状态，提高了抗战觉悟和生产能力。

再次，发展新闻出版事业。新华社是 1937 年 1 月由红色中华通讯社更名。新华社的业务活动逐渐从陕甘宁边区深入各抗日根据地。1940 年 12 月 30 日，新华社又创办了延安新华广播电台，即中央人民广播电台的前身。

中共中央主办的《新中华报》，在各抗日根据地内发行，宣传报道中国共产党的各项方针政策，比较系统地介绍八路军、新四军的战绩和各抗日根据地的建设情况。后来，中共中央把《新中华报》和《今日新闻》合并，创办了《解放日报》。一刊是《解放》周刊。它是中共中央机关刊物。

各中央局、分局，各区党委、省委，八路军、新四军部队，也都有自己的报刊。在华北、北方局有《新华日报》华北版，山东分局有《大众日报》，晋绥分局有《抗战日报》，冀鲁豫分局有《冀鲁豫日报》等。在华中，有《江淮日报》《抗敌报》《战士园地》等。在武汉、重庆等地出版发行的《新华日报》，是中国共产党在国民党统治区公开出版的机关报。

1939年1月15日，八路军总政治部创办了《八路军军政杂志》。供八路军、新四军营以上干部阅读。八路军留守兵团政治部1940年8月创办了《连队生活》旬刊，面向连、排干部和战士。八路军和新四军各师也都办有自己的报纸。与此同时，一些群众团体、文化团体也创办了不少报刊，如《中国妇女》《中国青年》《中国工人》《中国文化》《中国文艺》等等。

1938年成立了陕甘宁边区文化界抗战联合会，后改名为中华全国文艺界抗敌协会延安分会。这些文艺工作者先后完成了《黄河大合唱》《八路军大合唱》《延安颂》等重要作品。此外，在延安还相继成立了音乐、戏剧、美术等专业性协会，建立了许多文艺社团，出版了多种文艺刊物。

根据地的文化建设，丰富了抗日根据地广大军民的政治和文化生活，推动了抗战事业的发展，为抗日战争的胜利奠定了坚实的基础。

★ 八路军巩固和发展华北抗日根据地

日军占领广州、武汉之后，将主要作战力量转向对付占领区内的抗日游击战争。至1939年年底，日军华北方面军已经拥有9个师团、12个独立混成旅团和1个骑兵集团，成为关内侵华日军中最大的重兵集团。日军华北方面军企图按照先平原后山区的步骤，集中兵力摧毁华北各抗日根据地，达成全面巩固占领区的目的。

为了粉碎日军的企图，实现"巩固华北"的战略任务，中共中央和八路军总部命令八路军三大主力挺进冀中、冀南、冀鲁豫边和山东地区，以巩固华北抗日根据地，进一步发展华北地区的抗日游击战争。

1939年1月，八路军第120师师长贺龙、政治委员关向应亲率师主力到达河间，与冀中的党政军领导机关会合，随后，成立了以贺龙、吕正操为正、副指挥的指挥部，统一指挥第120师和八路军第3纵队兼冀中军区。在挺进冀中的半年多时间里，第120师共作战116次，歼灭日伪军5900余人，自身从进入冀中时的6400余人发展到2.19万人，支援冀中根据地取得大发展，第3纵队兼冀中军区所属部队发展到14个主力团、2个支队和5个游击部队，胜利完成了巩固冀中平原抗日根据地的战略任务。

1938年12月，八路军第129师师长刘伯承亲率主力从太行山区进入冀南。随后，政治委员邓小平也从延安赶赴冀南。第129师主力到达后，积极动员群众拆城挖沟，准备反"扫荡"作战。从1939年1月到3月，第129师主力与冀南军区八路军共进行大小战斗100余次，歼灭日伪军3000余人。3月以后，日军"扫荡"重点逐渐转向山区，冀南抗日根据地形势有所好转，第129师主力也返回太行山区。

1939年3月1日，八路军第115师代师长陈光、政治委员罗荣桓率师部及第343旅主力挺进山东，全力协助当地党政机关扩大和巩固抗日根据地，使运（河）西、泰（山）根据地连成一片，并控制了津浦铁路以西、运河两侧、黄河以南的三角地区。9月初，第115师主力进入鲁西南腹地的抱犊崮地区，为开创鲁南抗日根据地和向南控制郯（城）、码（头）平原，打通与华中的联系，向西打通与湖西区的联系，向北打通与鲁中区的联系，向东发展滨海地区创造了有利条件。

在第115师主力挺进山东之时，该师第344旅一部亦从山西分批东进冀鲁豫边区，执行支援当地抗日武装、巩固和发展根据地的任务。

3月，进入冀鲁豫边区的部队与地方武装合编为八路军冀鲁豫支队，由杨得志任司令员。至年底，冀鲁豫支队由成立时的 4000 余人发展为 1 万余人，并在反"扫荡"作战中歼灭日伪军 2000 余人，俘虏 536 人，抗日根据地也发展为冀南、豫北和鲁西南 3 块地区。

1938 年年底至 1939 年年底，八路军三大主力挺进平原的作战，不仅粉碎了日军首先"扫荡"平原的战略企图，巩固了平原抗日根据地，而且大大加强了原本比较薄弱的平原抗日根据地的全面建设，大幅度提高了当地八路军和地方武装的实力，从而为长期坚持平原抗战打下了坚实的基础。

1939 年夏，日军将进攻重点转向华北各山区抗日根据地。北岳、太行、晋西北、鲁中抗日根据地军民在各战略区的统一部署下，运用游击战争的战略战术，相继进行了一系列反"扫荡"战役和战斗，牵制和消灭了大量日伪军，保卫和巩固了抗日根据地。

★ 昆仑关大捷

1938 年 10 月，日军占领武汉和广州后，决心通过发动桂南战役，彻底切断中国获得外援最重要的路线即法属印度支那线。

1939 年 10 月 14 日，日军中国派遣军总司令部下达切断南宁公路补给线的作战命令。10 月 19 日，日军第 5 师团、台湾混成旅团共约 3 万人，第 5 舰队、海军第 3 联合航空队支援作战，以陆、海军协同在钦州湾登陆，占领防城、钦州并向北推进。日军于 11 月 24 日占领南宁，据守南宁外围攻高峰隘和昆仑关两个战略据点，切断桂越国际交

通线，企图迫使中国政府投降。

国民政府军事委员会遂从川、鄂、湘、粤等省调集部队入桂作战，负责攻占昆仑关的中国军队以杜聿明第 5 军为主力，连同广西军队近 20 万人，总指挥为白崇禧。

昆仑关是南宁北侧的天然屏障。12 月 18 日拂晓，中国军队第 5 军荣誉第 1 师在坦克及炮火支援下，对昆仑关发动猛烈攻击，日军第 5 师团第 42 联队第 2 大队纷纷向核心阵地退却。至中午，第 5 军攻占金龙山、老毛岭、罗塘、同兴等高地，并进至九塘附近。19 日凌晨，罗塘及同兴北方高地被日军夺去。荣誉第 1 师猛攻昆仑关东北之 635 高地，夺回该制高点。与此同时，新编第 22 师在五塘阻击增援昆仑关之日军。20 日，第 5 军军长杜聿明命令第 200 师强攻昆仑关受挫。21 日和 22 日，中国军队连攻昆仑关未克。23 日，荣誉第 1 师第 2 团向昆仑关西侧高地罗塘发动攻击，于 24 日晨克复该高地。日军第 5 师团第 21 旅团前来增援，被荣誉第 1 师第 1 团和第 3 团阻击在九塘东北枯树岭地区。25 日，中国军队对昆仑关之日军连续发动包围攻击未克，日军仍坚守阵地顽强抵抗。28 日夜，第 5 军主力再次对昆仑关发动围攻，与日军在昆仑关隘口周围的崇山峻岭上展开激战，反复争夺厮杀。

30 日，中国增援部队到达，向日军发起更猛烈的进攻，相继攻占了同兴、界首及其东南各高地，打破了昆仑关日军的防线。31 日拂晓，杜聿明军长把指挥所推进至大坟岭，指挥官兵向日军猛攻。至 8 时，第 159 师占领 653 西南高地；上午 11 时，新编第 22 师攻入昆仑关，迫使日军向九塘方面退却。

1940 年 1 月 1 日，日军增援部队到达九塘，与昆仑关溃败之残部会合，企图再取昆仑关。第 5 军决定乘胜攻击。2 日拂晓，第 159 师、新编第 22 师、荣誉第 1 师向九塘、八塘日军攻击。3 日，中国军队克复了控制九塘至昆仑关公路的战略要点 441 高地。4 日，新编第 22 师攻克九塘。5 日,第 5 军继续追击日军,进攻八塘,战至 11 日未果,双方在九塘至八塘之间形成对峙状态。至此,昆仑关攻坚战结束。

昆仑关大捷是抗战以来中国军队以空、炮、步、坦等军兵种协同配合,对日军攻坚作战的首次重大胜利。中国军队以阵亡 2.7 万余人的代价,共毙伤日军 8100 余人,击毙日军少将旅团长中村正雄,鼓舞了抗战士气,掌握了桂南战场的主动权,也迫使日军在粤北战场陷入部分被动的局面。

★ 五原大捷

武汉会战后,国民政府一方面防御日军的有限攻势;另一方面也力求主动,实施了 1939 年的冬季攻势作战。

1939 年 12 月 19 日夜,第八战区副司令长官兼绥远省主席傅作义灵活执行冬季攻势的规划,派第 35 军新编第 31 师奔袭包头。经过三天四夜的激战,一举消灭日伪军 3000 余人,毙敌联队长小村一男大佐以下军官 20 余人,俘获伪军数百人,毁敌汽车 200 余辆、坦克 3 辆、军火库 1 座。

包头遇袭,日军驻蒙军司令官冈部直三郎中将决定报复。1940 年 1 月 27 日,他从平绥、同蒲路沿线抽调 3 万余兵力、汽车 1000 余辆、坦克数十辆,以及伪蒙军、伪绥军共 6 个师,兵分 3 路进犯绥西。傅作义指挥部队进行了顽强阻击,在完成作战任务后相继撤入狼山。2 月 3 日,日军攻占五原。

随后，冈部直三郎把从华北调集的侵绥兵力撤回原防地，留下日伪军1万余人驻防五原，由日军驻五原特务机关长桑原荒一郎中佐统一指挥。另外，还调来日籍工程技术人员二三百人，企图开采狼山矿产，久踞河套地区。

1940年2月25日，蒋介石认为绥西局势已无法挽回，电令傅作义到兰州代理第八战区司令长官的职务，部队后撤。第二天夜里，傅作义在亚马赖召开了团以上军官会议，决定"把握时机，收复五原"。他回电蒋介石："将不离兵，兵不离土；将不离兵兵有主，兵不离土土能存，不惜任何牺牲，坚决与敌周旋到底。"谢辞了蒋介石的任命。

傅作义召集参谋长鲁英麐等人，拟定了反攻五原的作战计划：以安春山的第93团为突击部队，直攻五原城内日军指挥部；新编第31师师长孙兰峰指挥新编第91、第92团和五临警备旅第1团进攻五原新城；新编第32师师长袁庆荣指挥所属部队进攻五原旧城，并负责肃清广盛西的伪蒙军；第101师师长董其武率领所属部队为预备队；其余部队负责攻击五原外围的伪蒙军和伪绥军。战斗打响后，发动地方群众放水浇地，迟滞敌军的步兵行动。

3月15日，中国军队参战各部开始行动，并于19日抵达指定位置。3月20日深夜，反攻五原的战斗全面打响。安春山率领的便衣突击队分为8个小队对既定目标发起攻击，经过5个小时的激战，先后占领多处日军据点，仅剩平市官钱局与屯垦办事处两处坚固据点未能夺占。

进攻五原旧城的新编第32师，遇到了伪蒙军的顽强抵抗，师长袁庆荣负伤，战况极为惨烈。在董其武的第101师一部的支援下，新编第32师于3月21日占领了五原旧城。

为了尽快歼灭平市官钱局与屯垦办事处的日军，收复五原新城，傅作义不顾日军飞机的狂轰滥炸，亲临前线督战。新编第31师副师长王雷震与部下研究攻坚办法，最终采用山炮平射，摧毁了敌人的坚固工事，全歼据点内日军，日军联队长大桥大佐、特务机关长桑原中佐被当场击毙。3 月 22 日，五原新城光复。

在中国军队打响进攻五原的战斗后，日军骑兵集团主力和第 26 师团一部乘 100 多辆汽车、坦克，急忙从包头赶来增援。在五加河边，遭到董其武的第 101 师顽强阻击，双方激战 3 昼夜。战至五原新旧城均已攻克、日军仓库中的军用物资已经全部运出，该师奉命撤出战斗，随主力部队向西转移。

3 月 25 日上午，日军在飞机掩护下再次进入五原。第 35 军引水淹没公路，并在五原外围不时袭扰，迫使冈部直三郎不得不决定放弃五原。28 日，傅作义率部再次收复五原。1940 年 4 月 5 日，蒋介石亲自签署嘉勉电，授予傅作义"青天白日勋章"，向傅部发放奖金 30 万元。

傅作义部以牺牲 1100 人的代价，歼灭日伪军 4600 余人，取得了五原大捷，这是抗战以来国民党战区第一次收复失地，不仅改变了绥西敌我态势，同时也给全国军民以极大的鼓舞和振奋。

★ 枣宜战役

1939 年年底至 1940 年年初，中国军队在正面战场发动的冬季攻势和对南宁昆仑关的反攻，使日军感到必须给予中国军队以重大打击，否则难以实现其政治诱降的目的。为此，日军策划在 1940 年 5 月，以 20 余万人的兵力，对中国军队主力集中的入川门户枣阳、宜昌地区实施一次大规模的报复性战役，歼灭第五战区主力，为推动对华政治、侵略的进展作出贡献。1940 年 3 月间，国民政府军事委员会已经觉察日军的企图，要求第五战区预先部署。

　　自 5 月 1 日起，日军开始第一阶段以襄河以东、枣阳地区为重点的进攻。至 5 月 7 日，3 路日军分别占领唐河、王集和随阳店，对枣阳构成合围之势。但 3 路日军之间空隙较大，中国守军及时转向外线，使日军第一阶段的战略企图落空。5 月 10 日，日军分别在樊城、宜城两地集中，准备实施西渡襄河、进攻宜昌的第二阶段作战。但中国统帅部误判日军将向原出发地退却，遂令第五战区各部全力反攻。5 月 12 日，从南阳地区南下的第 31 集团军在樊城附近包围了日军第 3 师团。15 日，被围日军突围后向枣阳集结。与此同时，第 33 集团军总司令张自忠亲率第 74 师、骑 9 师及特务营东渡襄河，截击日军第 13 师团的部队，但在宜城东北地区遭到日军 2 个师团的围攻。张自忠率部连日激战，多次中弹，身负重伤，仍镇定自若地指挥战斗。终因实力悬殊，第 74 师和特务营伤亡殆尽，张自忠于 5 月 16 日在南瓜店壮烈殉国。

　　5 月 31 日，日军西渡襄河进攻宜昌。由于统帅部和第五战区长官部对日军渡河西进的企图缺乏认识，担负河西防御的第五战区主力已大部调往河东，导致日军乘虚而入。6 月 1 日，襄阳失守。6 月 3 日，南漳、宜城陷落。6 月 4 日，日军第 13 师团又 2 个支队在钟祥以南的旧口、沙洋附近强渡襄河。南北两路日军对当阳、荆门形成夹击之势。为阻止日军西进，国民政府军事委员会决定，将第五战区部队分为左、右两个兵团，左兵团在襄河以东地区攻击渡河日军及其后方，右兵团以保卫宜昌为重点，负责襄河以西地区的作战，同时从四川急调第 18 军至宜昌守备。6 月 8 日和 9 日，南北两路日军占领沙市、江陵和当阳，逼近宜昌。10 日，抵达宜昌仅 2 天的第 18 军与日军 3 个师团激战，12 日撤出宜昌。此后，中国军队在江陵、宜昌、当阳、荆门、钟祥、随县、信阳外围之线与日军形成对峙。

　　由于宜昌距离中国战时首都重庆不到 500 公里，宜昌失守，使第五战区通往重庆的水路被切断。日军以宜昌为基地，展开了对中国抗战的西南大后方的空中作战，对重庆和大西南的重要工业设施进行了反复的狂轰滥炸，让后方人民蒙受了严重的损失。

★ 汪伪政权

汪伪政权是以汉奸汪精卫为首的日本傀儡政权。

1937 年卢沟桥事变后，身为中国国民党中央副总裁、中央政治委员会主席、国民参政会议长的汪精卫就积极鼓吹"抗战必败"的亡国论调，竭力鼓吹妥协和投降。1937 年 12 月及 1938 年 3 月，日本在沦陷区北平和南京两地，分别组织了伪中华民国临时政府和伪中华民国维新政府。1938 年 10 月，日军攻占广州、武汉。11 月，日本发出诱降声明。汪精卫集团代表高宗武、梅思平与日本代表影佐祯昭、今井武夫在上海举行秘密谈判，签订《日华协议记录》，议定：缔结反共协定；中方承认"满洲国"，日方于恢复和平后两年内撤兵（内蒙古等地除外）；日本享有开发中国资源的优先权等条款。12 月 18 日，汪精卫偕曾仲鸣、周佛海等逃离重庆，至越南河内。12 月 29 日，汪精卫发表降敌"艳电"，明确表示了其卖国立场，希望以蒋介石为首的国民政府与日和谈。

汪精卫的卖国投敌立刻遭到了全国各党派人士的强烈声讨，一致要求通缉和严惩卖国贼。1939 年 1 月，国民党召开中常会，决定永久开除汪精卫党籍，撤销其一切职务。蒋介石同时命令军统对汪精卫实施刺杀行动，结果未能成功。

1939 年 4 月，汪精卫由日本特务秘密护送进入上海，着手组织伪中央政府。5 月，汪精卫赴东京，与日本首相平沼骐一郎会谈，乞求建立伪中央政府。年底，汪精卫和日本秘密签订《日华新关系调整要纲》，以出卖国家的领土主权为代价，换取日本帝国主义的支持。经日本策划，北平、南京两地伪政权取消，华北临时政府改为华北政务委员会，撤销中华民国维新政府。1940年3月30日，南京举行所谓"国民政府"还都仪式，正式成立傀儡政权，发表《和平建国十大政纲》。其组织机构仍用国民政府的组织形式，汪精卫任"行政院院长"兼"代主席"。

汪伪政权在南京成立后，设置军事委员会作为其最高军事指挥机关，汪精卫兼任"委员长"。至日本投降时，汪伪政府已经拥有7个集团军和部分绥靖部队。

在政治上，汪伪政权利用特务组织在其辖区内实行法西斯统治，捕杀抗日爱国人士；配合日本对重庆国民政府进行诱降，妄图瓦解抗日民族统一战线。1941年3月，汪伪政权成立"清乡"委员会，集结大批伪军伙同日军实行"反共""清乡"，妄图消灭坚持敌后抗战的新四军和游击队。

在经济上，滥发纸币，圈占土地、工矿企业，强征粮棉，实行物资统制，收取名目繁多的苛捐杂税。在文化教育上，推行"新国民运动"，施行奴化教育。

在外交上，1941年11月，追随日本参加《国际防共协定》，1943年1月，对英国、美国宣战，号召效忠日本盟邦。同年11月，又伙同"满洲国"和泰国、缅甸、菲律宾等国的伪政府签订《大东亚共同宣言》，为日本建立"大东亚共荣圈"摇旗呐喊。

1944年11月10日，汪精卫死于日本名古屋帝国大学附属医院。陈公博成为其继任者，直到1945年8月15日，日本投降，汪伪政权作为日本在中国建立的傀儡政权之一，也随之灰飞烟灭。

★ 皖南事变

皖南事变，是抗日战争时期国民党顽固派发动的第二次"反共"高潮。

第一次"反共"高潮失败后，国民党顽固派并未放弃反共立场，并于 1940 年下半年，将反共重心由华北转向华中地区。1940 年 10 月 19 日，国民党当局致电八路军总司令朱德、副总司令彭德怀和新四军军长叶挺（即"皓电"），污蔑新四军和八路军"破坏团结，破坏抗战"，并强令新四军 1 个月内撤到黄河以北地区。11 月 9 日，中共中央答复"皓电"，答应新四军军部及皖南部队将移至江北。

与此同时，蒋介石令皖中李品仙部于江北无为地区加强布防，企图堵击新四军皖南部队渡江北移。12 月下旬，顾祝同根据蒋介石的命令，调集 7 个师 8 万余人的兵力，任命第 32 集团军总司令上官云相为"前敌总指挥"，准备围歼新四军皖南部队。

1941 年 1 月 4 日晚，新四军军部及皖南部队共 9000 余人编成 3 个纵队，踏上奉命东进北移的征途。7 日拂晓，转移途中的新四军在茂林地区遭到国民党顽固派军队 7 个师约 8 万人的拦截和围攻，皖南事变就此爆发。事变爆发后，中共中央一面令被围新四军坚决抵抗，一面要求蒋介石立即撤围，给北上的新四军让路。蒋介石表面上答应下令查处，背地里却督令部队务期将被围新四军"一网打尽"。至 14 日，新四军部队除 2000 余人突出重围外，其余 6000 余人大部壮烈牺牲，一部被俘。叶挺在与国民党顽军作最后谈判时被扣。项英、周子昆被叛徒杀害，袁国平突围时牺牲。1月17日，蒋介石悍然宣称新四军"叛变"，下令取消新四军番号，声称将叶挺革职，"交军法审判，依法惩治"，国民党顽固派发动的第二次"反共"高潮达到顶峰。

皖南事变发生后，中共中央提出在政治上取攻势、在军事上取守势、坚决击退国民党顽固派第二次"反共"高潮的方针。中共中央南方局书记周恩来在重庆同国民党顽固派进行了坚决的斗争。1月17日，周恩来为皖南事变向国民党方面提出质问和抗议。周恩来为《新华日报》题写"为江南死国难者志哀！""千古奇冤，江南一叶；同室操戈，相煎何急？"1月18日，中共中央发言人发表谈话，全面揭露国民党顽固派制造皖南事变，摧残抗日力量的罪行，要求严惩发起内战的祸首，停止反共的军事和政治活动，坚持抗战到底。1月20日，中共中央发布重建新四军军部的命令。同日，毛泽东发表谈话，提出国民党取消1月17日的反动命令并承认错误，惩办祸首，恢复叶挺自由，抚恤皖南新四军全体伤亡将士，实行民主政治等12条要求。

中国共产党以抗战大局为重、正确处理皖南事变善后的立场与合理主张，获得了全国各族人民、各民主党派、海外侨胞的广泛同情和支持。在中国共产党的坚决斗争和国内外的强大舆论下，蒋介石集团被迫收敛其"反共"活动，第二次"反共"高潮被击退。

在打退国民党顽固派"反共"高潮的斗争中，中国共产党始终坚持抗战、团结、进步的方针和有理、有利、有节的原则，以大局为重，正确处理民族矛盾与阶级矛盾的关系，维护了抗日民族统一战线，从而赢得了国内外各方面的同情与支持。中国共产党在全国的政治地位和政治威信大为提高。

★ 新四军发展华中抗日根据地

为贯彻中共六届六中全会确定的"发展华中"的战略方针，中共中央作出了发展华中地区抗日斗争的部署。1939 年 1 月 28 日，刘少奇到达河南确山竹沟镇，正式建立中原局领导机关，并对放手发动与武装群众、开展敌后游击战争、创建抗日根据地等工作作了部署。2 月 23 日，周恩来到达新四军军部，提出发展华中敌后抗日游击战争的 3 条原则：哪个地方空虚，就向哪个地方发展；哪个地方危险，就向哪个地方发展；哪个地方只有日军和伪军，友党友军较不注意没有去活动，就向哪个地方发展。他还同新四军领导人商定了"向北发展，向东作战，向南巩固"的方针。战略方针一经确定，华中新四军各部在巩固既有抗日根据地的同时，立即全面展开，将华中抗日游击战争推向新的发展阶段。

位于苏南的新四军第 1 支队（司令员陈毅）、第 2 支队（司令员张鼎丞）积极东进北上，实施战略再展开。1939 年 2 月，第 1 支队第 2 团进入扬州以东的大桥地区，控制了通扬运河以南沿江地区。5 月初，第 1 支队第 2 团东进无锡、江阴、常熟、苏州、太仓地区。途中与当地游击队合编，以"江南抗日义勇军"（简称"江抗"）名义继续东进，开辟了苏（州）常（熟）太（仓）和澄（江阴）锡（无锡）虞（常熟）抗日游击根据地。11 月，第 1、第 2 支队领导机关合并，成立由陈毅、粟裕分别为正、副指挥的新四军江南指挥部，统一领导苏南新四军部队和地方武装。同时成立新的挺进纵队和苏皖支队，执行北渡长江，向扬州、泰州、仪征、天长、六合地区发展的任务。

1938 年，新四军第 4 支队展开于长江以北的舒城、桐城、无为、庐江地区，初步打开了皖中地区的局面。1939 年 5 月，新四军军长叶挺亲赴庐江东汤池，组建了以张云逸、徐海东分别为正、副指挥的新四军江北指挥部，并成立了第 5 支队。随后，第 4、第 5 支队全力向东作战，分别开辟了津浦路西和津浦路东抗日根据地，形成了新的皖东敌后根据地。

1939 年 5 月，新四军游击支队开辟蚌埠以东的淮上地区，分区开展地方工作，组织地方武装，建立了永城、夏邑、萧县、宿县、亳县和涡阳等县的抗日民主政权。1940 年 2 月，游击支队正式改称第 6 支队，彭雪枫任司令员兼政治委员，部队壮大到 10 个团 1.78 万人。在连续打破日军进攻后，豫皖苏抗日根据地得到进一步巩固。

在新四军各部积极展开、华中抗日游击战争日益发展的形势下，中共中央再次指示：江南的新四军应当继续向东发展，一直发展到海边。1939 年 12 月至 1940 年 2 月，刘少奇主持召开了 3 次中原局会议，决定将开辟苏北抗日根据地作为进一步向东发展的战略方向。由于此时国民党顽固派已将"反共"重心转向华中地区，中共中央决定以八路军一部南下增援。新四军和八路军南北对进，协同开辟了苏北抗日根据地。1940 年 11 月，根据中共中央的指示，成立了华中新四军八路军总指挥部，叶挺、陈毅分任正、副总指挥，刘少奇任政治委员。

在新四军部队东进北上、大力发展华中地区抗日根据地期间，留守皖南的新四军军部和第 3 支队也频繁与日军作战，保卫了皖南抗日根据地，并领导豫鄂边区开展了大规模抗日游击战争，到 1940 年年底，在豫鄂边区建立了 9 个县的抗日民主政权。

★ 华北敌后军民反"扫荡"、反"蚕食"、反"治安强化运动"

1941 年夏，日军华北方面军制定《肃正建设三年计划》，将华北划分为"治安区"（日伪占领区）、"准治区"（抗日游击区）、"未治安区"（抗日根据地）；要求到 1943 年将"治安区"提高到 70%，"准治安区"降到 20%，"未治安区"降到 10%，争取使华北的"治安"达到伪满洲国的"治安"状况。为此，日军华北方面军提出了一系列配套措施，如广泛构筑封锁壕，建立一系列由瞭望塔、碉堡组成的堡垒区，以阻止中共抗日力量的发展，将抗日根据地与物产丰富的地区隔离开来，实行经济扼杀；对中共作战实行"三分军事，七分政治"的原则，通过各种方式，切断中共与民众的联系。

为了推进对抗日根据地的"总力战"，配合"肃正作战"，1941 年 3 月至 1942 年 12 月，华北日伪军连续实施了 5 次"治安强化运动"，以达到逐步消灭八路军主力和摧毁华北抗日根据地的目的。日军对付抗日军民的手段多种多样，但最主要的还是对抗日根据地进行持续的大规模"扫荡"。

在一系列反"扫荡"战役和战斗中，各抗日根据地军民一方面充分发挥地方武装和民兵的作用，广泛开展群众性的游击战争；另一方面将主力兵团置于高度机动位置，或集中兵力，破敌一路，或跳出敌包围圈，转至外线作战，迫敌回援，或乘敌不备，袭击敌人的主要交通线和后勤补给基地。通过这种以主力军与地方武装相结合、内线与外线相结合的战法，以及机动灵活的战略战术，连续粉碎了日伪军的一次又一次"扫荡"，使抗日根据地得以坚持和巩固。

1941 年日军推行了 3 次"治安强化运动"，进行了 69 次出动兵力 1000 人以上的"扫荡"，其中 1 万人至 7 万人的大"扫荡"有 9 次。日军"扫荡"时间长，兵力多，重点集中，由过去的分进合击发展到"铁壁合围"和"梳篦清剿"，致使抗日根据地面积缩小，人口减少，经济困难，八路军伤亡增加。

对此，华北抗日根据地军民实行"敌进我进"的对敌斗争指导方针，以粉碎日军的"扫荡"，打破日军的"蚕食"和"治安强化运动"。各抗日根据地军民英勇奋战，粉碎了日军的"扫荡"。其中北岳、平西区八路军共作战 800 余次，歼灭日伪军 5500 余人；太行区八路军共歼敌 1384 人；鲁中沂蒙山区八路军共作战 150 余次，歼灭日伪军 2000 余人，坚持和巩固了华北各抗日根据地。

1942 年，日军对各抗日根据地进行的千人以上兵力的"扫荡"达 77 次，其中 1 万人至 5 万人的大"扫荡"达 15 次；并疯狂进行"蚕食"，推行第四次、第五次"治安强化运动"，从而使华北各抗日根据地面积进一步缩小。但华北敌后抗日军民在中国共产党一元化领导下，展开军事、政治、经济、思想文化等全面对敌斗争，粉碎了日军的"扫荡"，打破了其"治安强化运动"。其中，冀中抗日军民共作战 270 余次，毙伤日伪军 1.1 万余人；太行、太岳区军民共歼敌 3000 余人；晋冀豫抗日军民毙伤日伪军 1600 余人；基本上制止了敌人的"蚕食"，扭转了不利局面。

1943 年，八路军深入贯彻"敌进我进"的方针，粉碎了日伪军的春、夏季"扫荡"，使华北各抗日根据地得到了恢复与发展；同时，大力开展群众性的游击战争，使民兵联防、交通破袭战、地雷战、地道战得到蓬勃发展。八路军在中共中央的正确领导和华北人民的全力支持下，共作战 2.48 万次，歼灭日伪军 19 万余人，粉碎了日军的大规模"扫荡"，打破了日军的"蚕食"，使山区各抗日根据地获得发展，平原抗日根据地得到恢复。八路军逐渐由被动转为主动，斗争形势发生了有利的变化，为转入局部反攻创造了条件。

★ 华中敌后军民反"扫荡"、反"清乡"斗争

1941年太平洋战争爆发前后，日军中国派遣军为确保长江中下游地区的城市和水陆交通线，巩固华中占领区，用于对新四军作战的兵力达11万人，华中伪军15万人也全部用于进攻华中敌后抗日根据地。这些日伪军依托据点和交通线，持续不断地对华中敌后抗日根据地进行残酷的"扫荡"。

从1941年2月开始，日军对华中敌后抗日根据地先后进行分区"扫荡"。华中军民在中共中央华中局和新四军军部的领导下，英勇战斗，机动灵活地进行着反"扫荡"斗争。基本做法是：敌来不迎，敌去必送；初期相机阻敌，化整为零，适时分散突围；中期到处出击，与敌纠缠；后期化零为整，集中兵力重点突击；协同配合，军民齐动员。

在苏中，新四军第1师兼苏中军区各部队积极反击，频频向日伪军发起攻势，最终迫敌撤退，逐渐恢复了根据地；在苏北，新四军第3师兼苏北军区部队采取敌进我进，分散与集中相结合的办法，先后收复阜宁、东沟等重要集镇，迫敌退踞于盐城附近；在苏南、皖中，新四军第6、第7师采取打得赢就打、打不赢就走的机动灵活战术，坚持了原有阵地，保存和积蓄了力量；在淮南、淮北，新四军第2师采取分进合击战术，屡挫强敌，恢复和巩固了根据地。

日军对华中敌后抗日根据地除进行频繁的"扫荡"外，还有计划地

进行了大规模的"清乡"，企图运用政治、军事、经济、文化等手段，以点线的占领扩大到面的占领，彻底摧毁抗日根据地，全面建立伪政权。

日伪军对华中敌后抗日根据地的"清乡"运动，从 1941 年 7 月对苏南、苏州地区的第一期"清乡"开始。由于缺乏反"清乡"经验，苏常太地区形势急剧恶化。9 月初，日伪军对苏南、苏州地区进行第二期"清乡"，留在苏南坚持斗争的新四军第 18 旅部队，吸取苏常太地区反"清乡"的经验教训，采取公开和隐蔽相结合的方式，顽强地坚持斗争。1942 年，日伪"清乡"范围进一步扩大，在苏南、苏州地区进行第三期"清乡"的同时，将"清乡"范围由江苏省扩展到浙江、上海。苏中军区对此展开顽强斗争，通过深入进行动员，在党政机关和群众团体建立以武装斗争为中心的领导体制，广泛开展游击战和大力开展伪军工作，取得了反"清乡"斗争的最后胜利，不仅恢复了日伪"清乡"时被侵占的地区，而且扩大了根据地。

从 1941 年至 1943 年，新四军和华中抗日根据地军民一起，经过 3 年艰苦卓绝的反"扫荡"、反"清乡"作战，粉碎了日伪军巩固其占领区、消灭抗日游击武装的企图，顽强地坚持了敌后抗日游击战争，胜利地保卫了华中敌后抗日根据地。

★ 华南敌后军民的反"扫荡"、反"蚕食"斗争

华南敌后军民的抗日斗争主要包括东江地区、珠江地区和海南岛地区。

东江地区军民的反"扫荡"作战。1940 年 9 月上下坪会议后，广

东人民抗日游击队第 3、第 5 大队分别开辟了东莞大岭山、宝安阳台山抗日根据地。1941 年 6 月 10 日，驻东莞的日军 400 余人及伪军 200 余人分两路进攻大岭山中心区百花洞。第 3 大队将日伪军围困于百花洞附近，歼敌 50 余人。与此同时，第 5 大队也多次击退日军的进犯。

1942 年 1 月，广东人民抗日游击总队成立，梁鸿钧任总队长、林平任政治委员，下辖 1 个主力大队和 4 个地方大队。1943 年 11 月 1 日，日军发动打通广九铁路战役。从 18 日开始，日伪军 9000 余人对广九铁路西侧的东莞、宝安抗日根据地进行所谓"万人大扫荡"，将广东人民抗日游击总队压缩包围在方圆仅 10 平方公里的大岭山区。抗日游击总队转入外线斗争。日军又将"扫荡"重点转向宝安阳台山抗日根据地，于 11 月 22 日和 12 月 4 日各以 500 余人的兵力进犯，均被击退。据不完全统计，1943 年 1—11 月，广东人民抗日游击总队共作战 70 余次，毙伤俘日伪军 1000 余人，游击总队发展到 4000 余人，民兵发展到近 1000 人，惠东宝抗日根据地得到恢复和发展。

珠江地区军民的反"扫荡"作战。1940 年冬，日伪军 3000 余人"扫荡"番禺南部大石、沙湾地区，吴勤领导的广州市区游击第 2 支队转向顺德，以西海为中心开展活动。自 1941 年夏季开始，伪军 2000 余人进驻西海外围的三善、古坝、碧江等地，对西海形成包围。10 月 17 日，伪军 1000 余人向西海大举进犯，第 2 支队和民兵共 300 余人，与敌展开激战，毙伤敌 300 余人，俘 300 余人，取得"西海大捷"。1941 年年底，日伪军对西海进行报复"扫荡"，第 2 支队及时转到外线作战。

海南岛军民的反"蚕食"、反"扫荡"斗争。1942 年 5 月，日军为把琼崖变为支援太平洋战争的前进基地，以其第 15 警备队及伪军 4000 余人，加紧对琼（山）文（昌）抗日根据地进行"扫荡""蚕食"。中共琼崖特委采用内线与外线相结合、主力部队与地方武装相结合的作战方针，积极进行反"扫荡"、反"蚕食"作战。琼崖抗日游击队独立总队总队长兼政治委员冯白驹指挥所部袭击、伏击日伪军 76 次，拔除据点 21 个，毙伤敌 400 余人。

日军在寻歼琼崖抗日游击队独立总队主力扑空后，又于 10 月上旬增调第 16 警备队及伪军 2000 余人，组成 50 余个"讨伐队"，在飞机、坦克配合下，对琼文抗日根据地进行"分区扫荡"，实行"三光"政策，残杀无辜群众 5200 余人，烧毁民房 4000 多间。独立总队处境极为困难。为保存主力，中共琼崖特委决定除留少数部队坚持斗争外，主力转到外线作战，并采取"敌集中，我分散；敌分散，我集中"的游击战术，灵活机动地打击日伪军。

此次反"扫荡"、反"蚕食"作战，共毙伤日伪军 1400 余人，保存了力量，为继续坚持琼崖抗战创造了条件。

★ 车桥战役

新四军第 1 师兼苏中军区所属部队在江苏淮安县东南车桥地区，对日伪军进行的进攻战役。

1944 年春，日军为打通中国大陆交通线，陆续从华中地区抽调部队南下参加豫湘桂作战。新四军第 1 师兼苏中军区为改善苏中地区的斗争局面，沟通苏中与苏北、淮南以及淮北地区的战略联系，决定于 3 月上旬发起以夺取车桥为主要目标的攻势作战。

车桥镇是联系苏中与苏北的枢纽，居淮安县城、泾口、曹甸镇之间，四周筑有大土围子。该地区有伪军 1 个大队 600 余人和日军 40 余人驻守。

为夺取车桥及其附近地区，第 1 师兼苏中军区集中 5 个多团的兵力，由副师长兼副司令员叶飞指挥，以第 7 团并配属师炮兵大队，担任主攻车桥的任务。以第 1 团、第 3 军分区特务营和泰州独立团 1 个营，在车桥西北卢家滩附近构筑防御阵地，担任淮阴、淮安方向的打援任务；以第 52 团及江都、高邮独立团各 1 个营，在车桥以南崔河附近构筑防御阵地，担任曹甸、宝应方向警戒；另以师教导团第 1 营及第 4 军分区特务团 2 个营组成预备队。此外，第 3 师兼苏北军区部队在淮安县东北顺河集、凤谷村一线积极活动，保障攻击车桥的部队北面安全。

3 月 5 日，第 7 团经远程奔袭从日伪军外围据点之间直插车桥，并从南北两面同时发起突然攻击，仅 25 分钟就突破土围子，攻入镇内。随后在炮兵大队的配合下，逐个消灭日伪军火力点。战至午后，摧毁碉堡 50 余个，全歼驻守伪军，并向附近日军发起攻击，但因火力不足，协同不够，未能最后解决战斗。此后，第 1 师兼苏中军区所属部队，分别击退由宝应、淮阴、淮安等地出援的大批日伪军。7 日，困守车桥小土围内负隅顽抗的日军乘隙逃往淮安。第 1 师兼苏中军区所属各部乘胜扩张战果，至 13 日，战役胜利结束。

车桥战役，共歼日军 460 余人，伪军 480 余人，打通了苏中与苏北、淮南及淮北地区的战略联系，巩固和扩大了苏中抗日根据地。

★ 日本对华殖民政策

中国是一个积贫积弱的国家，但同时也是一个幅员辽阔、潜力深厚的大国。日本以小兵临大国，虽然占领了中国的大片国土，却无法通过单一的武力征服中国。在此情况下，日本不能不求助于政治、经济、文化等诸多手段来弥补其武力的不足，在占领区所推行的各种政略、战略，逐渐形成了"以华制华"和"以战养战"的殖民政策体系。

在日本帝国主义的"以华制华"战略中，最重要的是建立傀儡政权和伪军。1932年3月1日，日本炮制的第一个傀儡政权"满洲国"在东北成立。1933年侵入华北后，又相继成立了"冀东防共自治委员会"和"蒙古军政府"。全面侵华战争开始后，日本又在其所到之处建立各种伪政权。随着占领区的扩大，日本将各地的伪政权分类整合，组成具有更大实力的区域性傀儡政权。在北平成立以王克敏为首的"中华民国临时政府"，在南京组建以梁鸿志为首的"中华民国维新政府"，在张家口成立以德穆楚克栋鲁普（德王）为首的"蒙疆联合自治政府"，从而形成了东北、蒙疆、华北、华东四大地区性伪政权。1940年3月，日本将临时、维新和蒙疆伪政权撮合为一个以汪精卫为首的"中华民国国民政府"。通过这些伪政权，日本攫取了大量从战场得不到的权益。

组织伪军，用中国人打中国人，是日本"以华制华"战略的又一个重要方面。凡侵华日军所到之处，均以各种方式组织伪军。与形形色色的伪政权相类似，各地的伪军亦名目繁多。汪伪政权成立后，日军为表示对"中央政府"的支持，取消了伪军五花八门的名称，统称为"绥靖军"，但关内各地伪军仍从属于日军的华北、蒙疆、华中、华南等各个集团。

伪政权和伪军是日军侵略中国的重要工具。它们助纣为虐，签订各种条约出卖国家民族利益，或直接充当日军的代理人，对广大沦陷区人民实行残酷的政治统治和经济掠夺。

经济掠夺是日本进行侵略战争的基本动因，也是日本"以战养战"的主要内容。日本侵略者直接控制占领区的经济命脉，对所需战略资源实施掠夺性开发，从经济上支撑其侵略战争。

强制推行殖民思想文化，是日本侵华战略和"以华制华"政策的重要内容。为了从思想上解除中国人民的武装，动摇其抗战意志，日本侵略者极力散布战争万能、暴力至上、扩大生存空间以及弱肉强食等赤裸裸的扩张理论，在思想文化领域大力推行奴化教育，以巩固其对占领区的法西斯殖民统治。日本侵占中国东北后，就不遗余力地实施法西斯文化专制，竭力推行殖民化教育。发动全面侵华战争后，又在关内进一步展开思想文化攻势，大肆推行法西斯的奴化教育。日本侵略者推行奴化教育的重点是学校，主旨是在思想文化领域打击抗战爱国力量，手段是在高等学校中培育亲日思想，培养汉奸和亲日派，将中小学教育纳入汉奸教育体系，盗用和歪曲中国传统文化，借以欺骗民众，达到卑劣的政治目的。另外，日本侵略者还通过操纵"新民会"、控制新闻传媒、利用日军各集团的宣传报道机关以及伪政权的报纸广播等手段发起"思想攻势"，以强化殖民统治。

★日本对华经济掠夺

经济掠夺是日本进行侵略战争的基本动因，也是日本"以战养战"的主要内容。

在侵华战争期间，日本在占领区及时而有针对性地制定了一系列经济掠夺的方针政策，推行殖民地经济模式。在台湾，主要通过改变土地占有者结构，实行度量衡和币制日式化，促成日资垄断岛内经济，实现对台湾经济和殖民掠夺与控制。在东北，推行"统制经济"和"日满经济一体化"，改变东北经济结构，特别对其中具有国防或社会基础性的重要产业，实施极端干预和垄断，使东北经济最大限度地满足日本侵略战争的需要，彻底沦为日本经济的附庸。在关内占领区，确立"以战养战"的基本方针,以"竭泽而渔"和"杀鸡取卵"方式建立服务于日本作战需要的战时经济体制。

对工矿、交通的掠夺和统治是日本对华经济掠夺的重点。九一八事变后,日本侵略者在东北各地兴办了许多采矿、钢铁、水泥、电气、制铝、化学及其他军事企业,除"满铁"外,还建立了269家公司,其中属于重工业和军事工业的有28家,对东北的资源进行强盗式的掠夺,使其在东北的生铁、钢、煤等主要工业原料产量不断增加。在华北,日本于1938年成立"华北开发公司",收编原兴中公司等作为其子公司,并增设龙烟铁矿、华北盐业、华北矾土矿业公司等,全力经营华北煤、铁、盐、电力、交通各行业。到1943年10月,其下属子公司发展到29家,成为日本对华北经济掠夺的最大殖民垄断组织。

此外,日军还大肆进行武装劫掠,夺取华北的煤、铁矿石、盐、棉花等原料。在华中,日本于1938年建立"华中振兴公司",统筹该地区的经济掠夺。该公司到1941年又发展附属公司13家,控制了华东地区的煤、铁、电力、水产、蚕丝各行业的生产和销售。在华南,日本通过军管机构直接掠夺或由"台湾拓殖股份公司"等机构代行掠夺。1939年2月,日军侵占海南岛后,随即组织日本商社去进行"海南开发",开办了橡胶、制糖等20多家股份公司。

对金融、贸易的控制和垄断是日本对华经济掠夺的重要内容。七七事变后,日本侵略者利用伪满洲国中央银行大量发行伪"满元",用以支持军费开支和维持军工生产。至1941年年末,发行伪满币达13.17亿元,比1932年增长8倍。在关内,1937年11月,日本侵略者于张家口设立伪"蒙疆银行",发行伪"蒙疆券";1938年3月,在北平设立伪"中国联合准备银行",发行伪"联银券";1939年5月,在上海设立伪"华兴银行",发行伪"华兴券";1941年1月,在南京设立伪"中央储备银行",发行伪"中储券"。全面侵华战争期间,日本总共在关内建立银行20余家。这些银行发行了大量没有准备金的伪钞,依靠武力维持这些废纸的"信用"，借以压榨中国人民的血汗和财富。

此外，日本侵略者凭借暴力恐怖，在华中、华南地区发行根本不具备货币性质的军用票，使其流通于市场。从 1938 年至 1940 年年底，军用票发行额为 5 亿日元，以此在沦陷区大肆掠夺物资。由于滥发纸币，引起通货膨胀和物价飞涨，到 1945 年，上海米价比 1941 年上涨6300 倍。侵华日军还在封锁中国海陆交通的基础上，进一步控制和垄断中国的对外贸易。一是强行接管中国的海关税收权力；二是通过大量走私活动，把过剩的日本货偷运到中国内地，换取法币，用以套购中国的外汇基金等。

对农业资源的掠夺也是日本对华经济掠夺的一个重要方面。掠夺的主要手段是进行移民侵略和大量掠夺农产品。日本在中国东北实施移民过程中，以极低廉价格或以其他非正常手段强占中国东北农民的土地。在对东北农产品的掠夺中，日本侵略者除直接夺取或通过伪政权搜刮外，还以低廉价格"收购"东北盛产的大豆、玉米等农产品，再运往日本和世界各地以牟取暴利。全面侵华战争爆发后，大批日本移民涌入关内，掠夺了中国当地农民的大片土地。在掠夺农产品方面，日军每次对关内各敌后抗日根据地的"扫荡"，都将抢粮作为主要任务之一。日军从中国掠夺大批的粮食、棉花等农产品，以支持其长期战争。

★ 日军细菌战和化学战部队

日军细菌战部队有设在哈尔滨的"满洲第 731 部队"，设在长春的"满洲第 100 部队"，设在北平的"北支甲"第 1855 部队，设在南京的

"荣"字第 1644 部队,设在广州的"波"字第 8604 部队,设在新加坡的"冈"字第 9420 部队,这些部队的人员加起来共 2 万余人。

另外,日军的每个师团中都有名为"防疫给水部"实为实施细菌作战的部队。细菌战恶魔石井四郎直接指挥的 731 部队等专业的细菌战部队与各师团的"防疫给水部"共同构成了日军细菌战的庞大体系,犯下了世界历史上罕见的战争罪行。

日军细菌战部队最令人发指的罪行是使用被俘的中国及其他国家的抗日志士和无辜平民进行各种"活体实验"。731 部队为了研究细菌传染的途径,检验和改进细菌武器的效力,同时为寻求增强毒菌株传染性、毒性与杀伤力的方法,检验疫苗效果,培养新的毒菌,对大量"马鲁大"(日语意为"剥了皮的原木",即活体材料)注射毒菌进行观察。在杀人方法的实验研究方面,731 部队的"活体实验"更是名目繁多,手段极端残忍,例如利用活人进行子弹穿透力的实验,检验人体承受毒气的能力,调查人体承受电击、火烧的极限等。731 部队进行各种医学和生理学实验也大量使用活人,包括人体对真空和不同气压的忍耐力、烫伤、冻伤、人体器官移植、活体解剖等等。在整个侵华战争期间,被日军细菌部队通过"活体实验"残害的抗日志士和无辜平民难以计数。

日军细菌战部队系统地和大规模地用活人进行罪恶的实验,研制出鼠疫、霍乱等细菌武器并在侵华战争中疯狂使用。日军的细菌作战一般以 731 部队为主体,分布在华北、华中、华南的日军细菌部队予以配合。作战使用的细菌主要由 731 部队制造,包括鼠疫、伤寒、霍乱、炭疽、白喉、痢疾等传染性强、传播迅速、杀伤力大的菌种。日军或是用飞机从空中投放被细菌感染的昆虫、杂物、食品、棉絮等,或是派遣细菌战部队队员潜入战区后方直接向居民居住地、农作物或水源地播撒细菌。侵华日军细菌战所涉及的区域,遍布中国东北、华北、华中、华南和西南广大地区,对中国人民犯下罄竹难书的罪行。例如,1941 年,731 部队两次在湖南常德撒布杂有鼠疫菌的跳蚤、棉絮、谷麦等物，引起该地区鼠疫大流行，导致 8000 多人死亡。1942 年 5 月，日军对云南保山、昆明等地实施细菌战攻击，导致云南 56 个县（市）暴发霍乱，染疫人数达 12 万之多，死亡 9 万余人。

日军化学战部队的根基是研制各种化学武器的陆军科学研究所，生产化学毒剂的日本陆军东京兵工厂忠海制造所，专门培训化学战军官的陆军习志野学校。1937 年 7 月 27 日，日本陆军参谋总长闲院宫载仁下达了向华北地区派遣两个发射化学炮弹的迫击炮大队和一个野战实验部的命令，到 8 月末，还有两家野战毒气工厂和一个中队、两个小队被增派到侵华日军华北方面军的 5 个师团中，成为第一批组建的化学战部队。此后，闲院宫载仁又陆续下令向侵华日军上海和华中派遣军中增派化学战部队。于是，日军在侵华各军中都设置了专业的化学战部队并分别配有野战毒气厂。日军调查认定中国军队不但没有化学武器，而且防护化学武器的能力极其低下，对中国军队使用化学武器，根本不用顾虑会遭到报复。于是，日军公然违背国际公约，肆无忌惮地在中国使用化学武器，不仅在战场作战中对中国军队施放化学武器，而且惨无人道地使用化学武器屠杀无辜平民。据不完全统计，日军使用化学武器的地点遍及中国的 18 个省区，使用次数超过 2000 次，至少造成中国军民直接中毒伤亡 10 万余人。此外，日军遗弃在中国境内的化学武器在战后已造成 2000 余名中国平民意外死亡或严重伤害。

★ 重庆大轰炸

日军发动侵华战争后，即利用其空中优势，不断对中国城市实施狂轰滥炸。武汉失守后，国民党军政机关全部迁往重庆，重庆成为国民党在大后方的政治中心。同时，八路军办事处、中共南方局和各民主党派机构也设在这里。由于重庆的特殊地位，被日军定为主要轰炸目标。

对重庆的大规模轰炸始于1939年。这一年，日军出动飞机865架次，对重庆进行了34次轰炸，投弹1897枚，炸死、炸伤市民9443人（其中死亡5247人）。5月3日、4日两次轰炸，使市区成为一片火海，大火持续多日。

1940年5月，日本海军、陆军联合制定了《一〇一号作战协定》，分别派出212架和81架飞机轰炸重庆。此次轰炸持续110天，投弹10021枚，计1405吨。加上其他轰炸，日军在1940年共出动飞机4722架次，对重庆轰炸80次，炸死、炸伤平民9560人（其中死亡4149人）。

1941年，日本帝国主义野心进一步膨胀，为实施"北进""南下"战略，日军大本营指示侵华日军"同心协力，迅速摧毁敌人继续抗战的企图"，"适时进行空中进攻作战"。为配合地面军事进攻，侵华日军制定了《第五次内地航空作战计划》，再次把重庆作为战略轰炸的重点。

从1941年5月3日到9月初，日军飞机对重庆施行了连续的"疲劳轰炸"。在日机"地毯"式轰炸下，6月5日，在市中心石灰市、瓷器街、十八梯之间的防空隧道里，酿成了骇人听闻的"大隧道窒息惨案"。这一天，日机空袭持续时间很长，进入此隧道的人太多，拥挤不堪，里面又没有通风设备，致使上万名避难的市民窒息而死。

据不完全统计，从1938年10月到1943年8月，日军对重庆轰炸达210次，出动飞机近万架次，投弹2.1万多枚，炸死居民11844人，炸伤14055人。由于日机投的多是燃烧弹，轰炸目标都是居民区、繁华的商业区，以及学校、医院等非军事目标，炸弹落处常常是烈焰腾空，血肉横飞，伤亡惨重。

日机的大规模轰炸，使当时中国的战时首都重庆遭到严重破坏，给重庆人民带来了巨大灾难。

★ 上高战役

1939 年 3 月，日军第 11 军攻占南昌后，与中国第九战区第 19 集团军形成对峙，而中国军队向南昌和南浔铁路发动的多次袭击，使日军备感威胁。为巩固南昌外围据点，保证占领区安全，日军第 11 军决定打击南昌方面中国第 19 集团军，扩大其赣北占领区。

1941 年 3 月 14 日，日军以第 33 师团 1.5 万人为北路，第 34 师团主力约 2 万人为中路，独立混成第 20 旅团 8000 余人为右路，3 路部队分进合击，企图包围、歼灭中国第 19 集团军主力第 74 军于上高地区。早在 3 月初，中国第 19 集团军即判明日军有发动进攻之可能，决定设置 3 道防线，节节抗击，迟滞与消耗日军，待诱敌至上高附近第三线阵地以主力反击而歼灭之。

3 月 15 日凌晨战役打响。日军以第 33 师团主力，由安义沿潦河向上高方向进攻；独立混成第 20 旅团由河嘎渡江，沿锦江南岸向灰埠方向进攻；以第 34 师团由南昌万寿宫附近，沿锦江北岸向高安方向进攻。中国守军按照作战计划，逐次抵抗消耗日军，主动放弃阵地，3 路日军在开始进攻后的两三天内进展顺利，更增骄傲情绪。

3 天后，战场形势发生变化。北路第 33 师团跟踪追击中国第 70 军至上富、甘坊、苦竹坳之间山地时，反遭第 70、第 72 军围攻，激战两日，第 33 师团受到重大伤亡，突围而出，于 19 日返回奉新并转入休整。南路独立混成第 20 旅团在占领灰埠后北渡锦江，遭南昌以南的中国第 49 军追截。中路第 34 师团于 3 月 18 日占领高安后继续向西突进，遭到中国第 74 军的顽强阻击，前进缓慢。在日军第 34 师团与独立混成第 20 旅团会合后，中国第 70、第 72 军迅速南下，第 49 军也渡至锦江北岸，对敌形成合围，并逐渐压缩包围圈，与正面第 74 军协同作战，展开围攻。

日军第 34 师团在中国 9 个师的强攻下，伤亡惨重，一面命令部队在飞机掩护下撤退，一面向武汉第 11 军告急求援。为接应第 34 师团突围，第 11 军命第 33 师团紧急出动，但在途中遭中国军队阻击，前进困难。26日夜，日军主力由包围间隙突围向高安退却。撤退时，日军抬运伤员的担架队伍长达 7—8 公里，炮兵第 8 中队在撤退途中被中国军队全部击毙。

3 月 26 日，第 74 军克复泗溪、官桥街全部阵地。第 19 集团军乘势追击、截击，至 4 月 2 日，先后收复高安、奉新、西山万寿宫及安义外围要点，恢复了会战前的态势，会战结束。

上高会战规模不大，作战地域较小，持续时间不长，但对中国军队来说，是一次难得的、始终掌握战场主动权而制胜的会战。第 19 集团军实行诱敌深入的方针，抓住战机，实施反击，毙伤日军 1.5 万余人，迫使日军撤退，取得了后期作战的胜利。

★ 中条山战役

抗日战争进入战略相持阶段后，日本军方具体分析中国战场的态势，认为"华北方面军的主要任务是剿共"，但中条山地区的中国第一战区近 18 万部队，"牵制了日军 3 个师团，首先将其消灭，日军即可自由行动，全力对付中共军"，因此决定发起中条山战役。

1941 年 5 月 6—7 日，日军在其航空队的支援下，以 6 个师团另两个独立混成旅团，由东、北、西 3 个方面向中条山地区中国军队发动全面进攻。

中条山西侧是日军进攻的重点，其第 41 师团及独立混成第 9 旅团在绛县以南一线与中国第 43、第 17 军发生激战。8 日晨，日军占领垣曲，将中国军队分割为东西两部后，向东西两面扩张，于 12 日控制了黄河北岸各渡口。与此同时，日军第 36、第 37 师团及独立混成第 16 旅团，在夏县至张店间向中国守军第 3、第 80 军阵地发起猛攻，8 日，第 80 军被迫退守至太寨。至此日军已数路贯穿守军阵地，突至黄河北岸，继又返转向北扩张。10 日，第 3、第 17 军遭日军围攻，战至 13 日，为保存力量，以团为单位，大部突出重围，向汾河以西转移。其余部队则化整为零，留在山区游击。

在中条山北侧，日军第 33 师团及独立混成第 4 旅团一部，于 5 月 7 日下午从南岭至阳城一线向中国第 14 集团军正面突击。13 日，董村阵地被突破，第 14 集团军各部撤至横河镇东南地区，因后方被截断，腹背受敌，于 14 日开始向北突围，除 2 个师突围至沁水以北地区，其余均被围于山区内。

在中条山东侧，日军第 21、第 35 师团于 5 月 7 日突破中国第 9 军阵地，其第 21 师团于 12 日突进至邵源，与第 41 师团一部和第 33 师团，夹击中国第 14 集团军。日军第 35 师团则沿黄河北岸向西突进。12 日，日军西进至官阳附近，控制了黄河北岸各渡口。14 日以后，日军一面封锁黄河各渡口，一面继续围攻中条山区内的中国军队。留置山区内的中国军队损失甚重，只能化整为零，分别突围，向太岳山区、吕梁山区及黄河南岸转移。至 28 日，会战遂告结束。

为了配合中条山的作战，毛泽东数次向八路军总部指示："在敌后猛击敌人，与正面友军配合作战，决不计较国民党的反共仇恨。"八路军各部对友军进行了积极的配合，太岳部队应卫立煌之约进入中条山及汾南三角区，担任同蒲、白晋路南段交通破袭任务，从侧面牵制了日军，同时对平津、平汉及正太等铁路线进行了较大规模的袭击，有力地牵制了日军，掩护了国民党军队的突围。

此役，中国军队伤亡4.2万余人，被俘3.5万余人，日军仅战死673人，负伤2292人，以极小代价"扫荡"了中条山地区的所有国民党军队。蒋介石在谈到中条山会战的惨败时，也不得不承认这是"抗战史最大之耻辱"。

中条山会战，国民党第一战区部队被基本肃清，八路军部队又逐渐深入中条山区，继续开展游击战争。日军华北方面军也不得不承认："以前不安定势力即重庆军，被中共势力取而代之，治安反而恶化了……从此，华北的游击战便由中共军独占了。"

★ 三次长沙会战

第一次长沙会战：为打击中国第九战区部队，确保武汉占领区的安全，并促进汪精卫伪政府的建立，1939年9—10月，日军第11军司令官冈村宁次指挥4个师团及两个支队共约10万人，采取奔袭攻击的方针，从赣北、鄂南、湘北3个方面进攻长沙。为打破日军战略企图，中国第九战区代司令长官薛岳指挥5个集团军共约20万人，采取逐次抵、抗诱敌深入的作战方针，在长沙附近迎击进攻的日军。双方交战24天，中国军队共歼日军2万余人，迫使日军全部退回新墙河以北地区。

第二次长沙会战：为解除中国第九战区对武汉地区的威胁，1941年9月初，日军第11军司令官阿南惟几调集4个师团和4个支队及海、空军各一部共约11.5万人，采取将主力并列于狭窄正面上，以纵深突破的战略，由岳阳以南向长沙发动第二次进攻，企图消灭中国第九战区主力于湘北地区。中国第九战区司令长官薛岳指挥13个军、1个挺进军共37.8万余人，利用有利地形与既设阵地，逐次抗击日军进攻。此次作战历时1个月，中国军队共毙伤日军2万余人，粉碎了日军的战略企图，恢复了战前态势。中国军队也付出了伤亡及失踪达7万人的巨大代价。

第三次长沙会战：1941年12月8日，日本发动太平洋战争，日军第23军进攻香港。日军为策应第23军及南方军作战，阻止中国军队对香港英军的支援，第11军司令官阿南惟几集中3个师团和1个旅团共约12万人，向长沙发动第3次进攻。同时，以驻南昌地区的日军1个师团和1个独立混成旅团向赣北进犯，以策应主力作战。中国第九战区司令长官薛岳先后调集14个军共37个师的兵力抗击日军的进攻。薛岳吸取了前两次长沙作战的经验教训，提出后退决战方针，决心集中兵力于湘北方面，诱敌主力于浏阳河、捞刀河之间地区，反攻歼灭之。双方交战历时14天，中国军队共毙伤日军5.6万余人，俘日军139人，粉碎了日军的战略企图，迫使日军退回原处。中国军队在第三次长沙会战中的胜利堪称大捷。

三次长沙会战的地位作用：第一次长沙会战是在欧战爆发十几天之后，正值波兰败亡、欧洲危急的关键时刻发生的。此时此刻，在世界东方的中国军队在长沙地区给10万来犯日军以迎头痛击，挫败了其歼灭第九战区主力之目的，吸引了欧洲各界人士和世界人民对中国战局的关注，扩大了中国抗日军队的影响。而第二次长沙会战是在苏德战争爆发3个月后，苏联面对德军强大攻势岌岌可危的情况下发生的。在第二次长沙会战中虽然中国军队也损兵折将，日军一度攻进长沙，但在中国军队奋勇抗击下日军最终还是撤出了长沙，中国战局并未因此而受到影响。第三次会战是在美、英等国在太平洋战场接连失利的情况下发生的并获大捷，无疑在国际社会引起了强烈的反响，提高了中国的国际地位。英国《泰晤士报》评论道："12 月 7 日以来，同盟国唯一决定性之胜利系华军之长沙大捷。"美国陆军参谋长马歇尔发来贺电，海军部部长诺克斯发表告中国人民书，指出长沙大捷"是所有同盟国家的共同的胜利"。罗斯福总统在第三次长沙会战大捷后的第 22 天给蒋介石发来贺电，并宣布再次向中国提供 5 亿美元的贷款。他还通过他的代表史迪威将军授予中国第九战区司令长官薛岳 1 枚美国勋章。

★ 鄂西战役

为打击中国第六战区主力，打通长江上游航线，攫取洞庭湖地区的粮仓，威胁中国陪都重庆的门户，1943 年 4 月，日军第 11 军抽调 6 个师团又 1 个旅团约 10 万人的兵力，集中各型飞机 240 余架，由司令官横山勇指挥，向中国第六战区发动进攻。

中国军队由第六战区代司令长官孙连仲（5 月 17 日由司令长官陈诚接替）指挥，在宜昌西北之石牌至石首以南之南县，沿长江一线及其纵深，部署了 4 个集团军 14 个军约 15 万人，以及空军 4 个大队和美国空军 14 个航空队，共计各型飞机 165 架，迎击日军。

5 月 5 日，日军针谷支队、户田支队、小柴支队、独立混成第 17 旅团、第 3 师团分别从扁山岛至藕池口等地区向安乡、南县发起攻击。第 29 集团军与日军激战后向洞庭湖南转移。日军 8 日占安乡，9 日占南县。随后，日军以一部兵力佯攻湖南澧县、常德，第 3 师团等主力向公安和街河方向攻击前进。

12 日夜，第 13 师团、野沟支队由董市西南强渡长江，分向西斋、街河方向进攻，与第 3 师团等部夹击松滋、公安间中国守军。战至 17 日，第 10 集团军被迫向西转移。日军第 3、第 13 师团等部遂从暖水街、刘家场、茶元寺等地区出发，向宜昌以西进犯。22 日，日军第 39 师团在云池地区强渡长江后，向宜昌西南的偏岩方面急进。随即，野地支队由宜昌渡江向西进攻。至 24 日，日军先后攻占渔洋关、长阳等地。自 25 日起，日军在飞机掩护下向江防军阵地发起猛攻。是日，蒋介石令江防各部队坚守石牌，以控制川东门户。27 日，日军将宜昌附近的 53 艘船舶驶向汉口。江防军在石牌、曹家畈、易家坝之线与日军展开激战，尤其第 5、第 18 师为确保石牌要塞奋力血战，毙敌甚多。至 29 日，日军攻势受挫。此时，第六战区组织部队由长阳以西、五峰以东出击，第 10 集团军一部克复渔洋关，威胁日军退路。日军第 11 军遂决定回撤。第 6 战区各部队在空军积极支援下猛烈追击日军，战至 6 月 10 日，日军退回原驻地，会战结束。

鄂西会战期间，中美空军对日军的前线阵地进行了猛烈攻击，击毁大量日军舰船、飞机和设施，已经开始出现敌我空中优势易手的征兆。第六战区以 14 个军的兵力，依托要塞工事和长江天险，挫败了日军的进攻锐势，而后发起反击收复失地追歼日军，共毙伤敌 1 万余人。

★ 豫湘桂作战

1943 年，反法西斯战争转入战略反攻阶段，日军在太平洋战场上屡遭失败，东南亚各地日军的海上交通线也受到威胁。日军大本营为保持本土与南洋的联系，决定打通从中国东北直到越南的大陆交通线，同时摧毁沿线地区的中美空军基地，以保护本土和东海海上交通安全。1944年1月，日军开始从本土及中国东北调集了各兵种部队总计约51万，准备发动打通大陆交通线的豫湘桂作战。国民政府军事委员会以共约100万兵力进行抗击。

豫湘桂作战是中日战争以来规模最大的一次进攻战。战役的第一阶段河南会战，日军出动了约15万兵力，中国军队集中了近40万兵力。1944年四五月间，日军先后攻陷郑州、洛阳等地。日军攻占洛阳的同一天，日军中国派遣军总司令官畑俊六将设在南京的前进指挥所推进到汉口，开始了战役主要阶段的湘桂作战。日军以13个师团为基干，总共投入36万余兵力；中国方面投入30多万兵力。日军6月攻陷长沙。6月26日，日军占领衡阳机场，并包围衡阳。中国政府调集各路援军增援，但未能突入包围圈。4万守军在孤立无援的情况下，反复同日军展开激烈的争夺战，使日军受到重大伤亡，终因敌我力量悬殊和守军兵疲粮缺，阵地被日军突破，8月8日，中国军队放弃衡阳。随后，日军从湖南、广东及越南3个方面向广西进攻，开始了桂柳作战。11月，日军陷桂林、柳州。12月2日占领独山。国民政府为之震动，被迫集中一切可用之兵力投入贵州作战，8日收复独山，迫使日军后退到河池。12月，日军打通了从华北到华南以至印度支那的通道。

从1944年4月开始一直持续到年底、纵贯中国南北几千余里的大规模豫湘桂战役，是日本军国主义临死前回光返照式的最后挣扎。表面看来是日本的积极进攻作战，本质上却是出于防御目的。日军在付出重大代价之后，始终没能完全打通交通线，也未能阻挡美机空袭日本本土。由于分散了兵力，为中国军队反攻提供了条件。就豫湘桂作战的失败而言，这是抗战以来国民党正面战场的第二次大溃退，是国民党长期消极抗战和政治、经济、军事腐败的结果。国民政府军事委员会由于战略指导失误，战役指挥失当，致使豫、湘、桂大片国土被占，损失兵力近 60 万人，丧失国土 20 余万平方公里，丢掉大小城市 146 座，失去空军基地 7 个、飞机场 36 个。这是中国抗日战争史上令人遗憾而又痛心的一页。但是，参加豫湘桂作战的广大国民党爱国官兵，付出了巨大牺牲。他们的英勇献身精神，永载史册。

第三部分

国际合作及并肩作战

★苏联援华及空军志愿队援华作战

1937 年 8 月 21 日，中国同苏联签订了互不侵犯条约。从此，苏联开始对中国提供经济贷款和军事援助，一直到苏德战争爆发为止。

自 1937 年 10 月开始，苏联将中国急需的飞机、大炮、机枪、航空和装甲设备、枪炮弹药等军用物资，陆续运到中国。1938 年 3 月和 7 月，苏联给中国政府两次贷款各 5000 万美元，总计 1 亿美元。1939 年 6 月又贷款 1.5 亿美元。1937—1942 年，苏联实际给予中国购买军用物资的贷款共 1.73 亿美元，居同期各国对华援助之首。

据苏联学者统计，从 1937 年 9 月到 1941 年 6 月苏德战争爆发，苏联向中国提供的军火有：飞机 904 架（其中轰炸机 318 架），坦克 82 辆，牵引车 602 辆，汽车 1516 辆，大炮 1140 门，轻重机枪 9720 挺，步枪 5 万支，子弹约 1.8 亿发，炸弹 3.16 万颗，炮弹约 200 万发，以及其他军用物资。

苏联还派遣大批军事顾问、技术专家到中国。先后担任中国政府军事总顾问的苏联将领有德拉季文、切列潘诺夫、卡恰诺夫和崔可夫。他们帮助接洽苏联对华军事物资援助，协助制订作战计划以至参加重要战役的指挥。到 1941 年，苏联派到中国政府和军队的军事顾问有 140 多名，各种专家上千名。苏联还直接派遣空军志愿队来华参加抗战。

1937 年 10 月，第一批苏联空军志愿队来华，共有 254 名飞行员和机械人员。其中有马琴率领的 21 架 CB 轰炸机，库尔丘莫夫（途中殉职后改为普洛柯非也夫）率领的 23 架 N-16 战斗机。10 月 21 日，第二批苏联空军志愿队人员来华，共有 447 人。他们与第一批人员共同组成 4 个大队，共有飞机 124 架。11 月，由波留宁率领的第二批 CB 轰炸机来到中国，驻扎汉口机场。12 月底，由布拉戈维申斯基率领的 N-15 战斗机大队分 3 批来中国，驻扎南昌机场。后来，汉口和南昌就成为苏联空军志愿队的中心基地。

此后，苏联不定期地从国内派人替换在华的苏联空军志愿队飞行员和地勤人员。从 1937 年 10 月到 1940 年年底，苏联政府先后向中国提供了共计 1235 架作战飞机，达 2000 人的空军志愿队。作战飞机主要是伊-15（N-15）、伊-16（N-16）战斗机和斯伯-2（CB-2）、特伯-3（TB-3）轰炸机。

1937 年 11 月底，首批苏联空军志愿队到达南京。12 月 1 日，苏联飞行员在南京 5 次升空作战，击落敌机 3 架。此后，苏联空军志愿队参加了保卫南京、武汉、南昌、成都、重庆、兰州等地的 20 多次空战，还多次出动轰炸机轰炸日军机场、车站、港口、仓库、舰船等军事目标，仅 1938 年即击落日军飞机 100 余架，炸沉日本舰船 70 余艘。1938 年 2 月 23 日，中苏空军从汉口起飞，跨海袭击日军在台北的松山机场，炸毁日机 12 架、兵营 10 座、机库 3 座。

苏联空军志愿队在援华作战中，有 200 多名包括轰炸机大队队长库里申科和战斗机大队大队长拉赫曼诺夫在内的苏联志愿飞行员，为中国人民的民族解放事业献出了宝贵的生命。苏联的积极援助，有力地支持了中国人民的抗日战争。

★ 美国援华及志愿航空队援华作战

太平洋战争爆发前后，美国空军志愿队援华作战，沉重地打击了日本侵略者，为中国抗日战争的胜利作出了重要贡献。

九一八事变后，美国及英、法等国虽然对日本进行了不同程度的谴责，却反对从经济上制裁日本，不愿给予中国物资援助；同时，也尽量避免同日本发生直接冲突。但随着日本全面侵华战争不断扩大，美、英、法等国在华利益也受到损害，美国的对华政策才开始发生变化。

1938 年 12 月，经过中美两国反复交涉，美国政府首次宣布向中国提供 2500 万美元借款。1940 年 4 月，美国向中国政府提供了第二次借款，即 2000 万美元的滇锡借款。但这些借款却被限制，只能购买美国的工农业产品，而不能购买军火类产品。直到 1941 年 3 月，美国国会通过了《租借法案》，中国才开始以租借形式得到军火物资。

1941 年 4 月，罗斯福签署命令，批准美国退役军人可以加入陈纳德组建的美国援华志愿航空队，即"飞虎队"，以帮助中国空军对日军作战。4 月和 5 月，罗斯福两度批准向中国提供价值 9000 余万美元的军用器材和武器弹药，7 月，还批准向中国空军提供装备和人员。

陈纳德等人在美国陆军航空队和海军航空队中招募现役空勤和地勤人员近 300 人。1941 年 8 月 1 日，中国空军美国志愿大队（AVG，America Volunteer Group）在缅甸东瓜正式成立，即后来的"飞虎队"。陈纳德担任该队指挥官，下辖 3 个驱逐机中队。每个中队都有自己的绰号：第 1 中队为"亚当和夏娃中队"，第 2 中队为"熊猫中队"，第 3 中队为"地狱天使中队"。

中国政府为美国志愿队提供了 100 架从美国购买的 P-40 战斗机，其中 1 架在运输途中掉入大海，实际是 99 架，同时，还为他们提供高额报酬。

1941 年 12 月 20 日，日军 10 架"川崎"99 式双发轻型轰炸机从越南河内机场起飞轰炸昆明。日军的这次行动极为大胆，由于中国的天空上已经很长时间没有大规模抵抗，日军的轰炸机还像往常一样没有战斗机护航。陈纳德指挥美国志愿队升空拦截敌机，打得日军措手不及，10 架敌机只有 1 架逃回河内机场，其余全部被击毁、击伤，狠狠地教训了日军，致使日机很长时间都不敢进犯昆明。

首战胜利使陈纳德和美国志愿队成为中国人民心目中的英雄。昆明各界民众为他们举行庆功会；重庆媒体及民众都称他们如"飞虎添翼"。此后美国媒体也以"Fling Tiger"（飞虎）来称呼他们。美国《时代》周刊刊登报道他们的文章，陈纳德还成为《时代》周刊的封面人物。从此，"飞虎队"就成了中国空军美国志愿队的代名。1942 年 4 月 17 日，宋美龄发表题为"飞虎、鹰华传威名"的演说，热情赞颂"飞虎队"的光辉业绩。

"飞虎队"一直战斗在中国、缅甸、泰国、越南、柬埔寨的广大空域。他们的作战行动配合了英国皇家空军，为仰光港口和滇缅公路赢得了两个半月宝贵的畅通时间，使大量军用物资得以源源不断地运到中国。

到 1942 年 5 月底，"飞虎队"共参战 100 多次，击落、炸毁敌机 297 架，自己在空战中损失飞机仅 12 架，在地面损失 61 架飞机，23 人牺牲，3 人被俘。

1942 年 7 月，美国政府将"飞虎队"纳入美军正规编制，改编为第 10 航空队第 23 战斗机大队，亦称为美国陆军第 10 航空队驻华航空特遣队，1943 年 3 月扩编为美国陆军第 14 航空队。从此，"飞虎队"成为与中国空军并肩作战的盟国空军。陈纳德也由预备役转为现役，任驻华航空特遣队的指挥官，并晋升为陆军准将。

1941 年 12 月 7 日，珍珠港事件后，美国正式参战。从此，中美两国进入全面合作的新阶段。1942 年 3 月，中美两国签订了《中美 5 亿美元借款协定》，6 月，又签订了《中美租借协定》。据美国方面统计，战时美国对华援助总额达 8.457 亿美元，其中除 2000 万美元外，其余均作为无偿赠予。约计价值 5.2 亿美元的兵器、飞机、坦克、车辆、船舶及各种军用装备等运往中国。

1942 年 5 月后，日军入侵缅甸，切断了中国最后一条国际交通线——滇缅公路。开辟新的运输通道迫在眉睫。当时，中国大部分地区都被日军占领，唯有西南部的喜马拉雅山脉，因地势险要，日军无法控制。因此，开辟喜马拉雅山脉的空中航线就成为必然的选择。但喜马拉雅山脉太高，平均海拔为 6000 米，开辟空中货运航线的危险性太大。但美国陆军空运队和中国航空公司却成功开辟了飞越喜马拉雅山脉的中印航线。因为该空运航线所经过的一座座高山峻岭好像骆驼之峰，人们便形象地把这条航线称为"驼峰航线"。

"驼峰空运"的危险是巨大的。中国航空公司的飞行员和美国飞行员既要面对极其恶劣的自然条件，又要战胜日军飞机的袭击，因此损失严重，牺牲巨大。在整个"驼峰空运"期间，美国空运队损失飞机 468 架，中国空运队损失飞机 46 架。中美损失飞机共计 514 架，占全部投入"驼峰空运"飞机的 50% 以上。中、美飞行员约有 1500 人为此牺牲。"驼峰空运"有力地支持了中国的抗战，也创造了世界航空史上的奇迹。

美国空军志愿队的援华作战，为中国抗日战争的胜利作出了重要贡献，那些在抗日战争中为中华民族的解放事业做出牺牲的美军飞行员，永远铭记在中国人民的心中。

★ 抗战期间，中美、中英签订的新约

　　废除不平等条约是近代以来中国人民需要迫切解决的问题，但帝国主义列强一直不愿意放弃在华特权。中国人民的抗日战争赢得了世界人民的尊敬，国际地位得到提高。同时，日本在亚洲不断侵略扩张严重损害了美、英的利益，他们希望中国坚持抗战，牵制日军的主力。因此，废除对中国的不平等条约，重新构建中美、中英双边关系，成为一种可能和必然。

　　1941年4月，中国政府向美国政府提请废除现有不平等条约，缔结中美平等条约。5月下旬，双方以换文形式达成协议，美方承诺通过谈判"迅速地做到取消一切有特殊性质的权利"。7月上旬，英国政府与中国政府互换照会，表示愿根据平等互惠原则修改条约。之后迟迟没有动作。12月8日，日本海军偷袭美国珍珠港，太平洋战争爆发，中、美、英正式结盟。1942年8月，美国向英国通报，准备着手与中国谈判，废除在华特权，改订新约。英国表示同意并准备采取一致行动。10月9日，美、英两国将其决定正式通知中国政府。10月下旬，中国接到美、英两国的新约草案后，即开始分别与两国进行谈判。中美两国的谈判进展比较顺利，对条约草案及所附条文达成一致，定于1943年1月1日在华盛顿正式签署条约和换文。由于英国拒绝讨论归还九龙租借地等问题，导致中英之间的谈判进展缓慢。

　　日本为了破坏中美、中英谈判，1943年1月9日，日本抢先与汪伪政权签订了《关于交还租界及撤废治外法权之协定》，随后意大

利也宣布废除在华治外法权，交还租界。美英两国为了阻止日本的企图得逞，遂于 1943 年 1 月 11 日分别与中国政府签订了《中美关于取消美国在华治外法权及处理有关问题之条约》和《中英关于取消英国在华治外法权及其有关特权条约》。"中美新约"共有四条规定，美国交还在华租界和取消治外法权。"中英新约"内容与此相似。但是，无论"中美新约"还是"中英新约"，都没有完全废除美英在中国的特权。

5 月 20 日，中美在华盛顿、中英在重庆换文批准，条约生效。此后，其他一些在华享有特权的同盟国，也相继与中国签订了平等条约。

废除旧约、订立新约，是中国人民长期进行民族解放斗争的一个重大胜利，使中国在法理上获得了平等的地位，提高了中国的国际地位和国际威望，鼓舞了中国军民的抗战斗志。1943 年 1 月 25 日，中国共产党中央委员会发表了《关于庆祝中美中英间废除不平等条约的决定》，庆祝中美、中英间废除不平等条约，并号召全国人民抗战到底。

★ 中美英开罗会议

1943 年秋后，同盟国军队在东、西方各主要战场都取得了一系列胜利。但德、意法西斯军队仍在顽抗。在此情况下，中、美、英三国为进一步加强合作，协调彼此间的军事行动，以加速击败日本法西斯，推动反法西斯战争早日结束，并就战后重建等重大问题交换意见，于 11 月下旬在埃及首都开罗举行首脑会议。这是第二次世界大战期间中国参加的唯一一次同盟国首脑会议。

开罗会议主要讨论了军事问题和政治问题。除全体会议外，蒋介石还分别与英国首相丘吉尔、美国总统罗斯福进行了多次会谈。关于军事问题，三国首脑一致认为，中、美、英三国应参加对日本的共同作战，向日本施加压力，直到使其无条件投降。在具体作战方向上，三国主要讨论了反攻缅甸的问题。关于政治问题，三国主要讨论了战后的中国问题、处置日本问题、亚洲被压迫民族问题和成立新的国际组织问题等。尽管政治问题的讨论没有列入开罗会议的正式议程，但会议所决定的政治问题，如明确将日本从中国攫取的东北、台湾、澎湖列岛等领土归还中国，对于中国来说意义重大。

最后，中、美、英三国共同签署了《开罗宣言》。1943年12月1日，《开罗宣言》正式发表。其主要内容有："三国之宗旨在剥夺日本自1914年第一次世界大战开始以后在太平洋所夺得的或占领之一切岛屿，在使日本所窃取中国之领土，例如满洲、台湾、澎湖群岛等，归还中华民国。日本亦将被逐出于其以暴力或贪欲所攫取之所有土地，我三大盟国轸念朝鲜人民所受之奴役待遇，决定在相当期间，使朝鲜自由独立。"

开罗会议具有重大意义和深远影响。中国参加此次会议，与美、英共同就对日作战的战略行动进行协调，并就战后重建等一些重大国际问题交换意见。这是中国大国地位提高并得到同盟国认可的一个重要体现。开罗会议充分显示了国际反法西斯力量团结一致、加速打败日本法西斯的决心和意志。会后发表的《开罗宣言》不仅确认台湾是中国领土，肯定中国收复失地的神圣权利，而且强调要将反法西斯战争进行到底，直到日本无条件投降。这对中国和亚洲其他各国抗日军民来说都是极大的鼓舞。战后《开罗宣言》还成为处置日本问题的重要依据。

★ 国际反法西斯统一战线的形成

1940年9月27日，德、日、意签订《三国同盟条约》，使三国轴心关系进一步发展为军事同盟，标志着法西斯侵略集团最终形成，同时也使日本在亚洲发动的侵略战争与德、意在欧洲的侵略战争紧密联系起来，加强了东、西方法西斯的合作。世界法西斯国家加紧勾结并在东、西方日益扩大侵略，迫使受侵略国家和民族逐步走向联合对敌的道路。

早在日本发动全面侵华战争前夕，毛泽东在与美国记者史沫特莱的谈话中即提出：我们主张中英美法苏五国建立太平洋联合战线，否则有被敌人各个击破的危险。但是，由于国际上反法西斯国家特别是英法苏之间的矛盾以及《苏德互不侵犯条约》的签订，建立国际反法西斯统一战线的进展十分艰难。

1940年世界战局的急剧变化，终于把美国推上了与德、日、意对抗的第一线。美国政府从1940年下半年开始把支援中国持久抗战作为遏制日本侵略扩张的重要手段。1941年3月，美国国会通过《租借法案》。5月6日，美国总统罗斯福正式宣布中国为《租借法案》受援国，第一批援华物资随即运往中国。

在德国进攻苏联和日本入侵法属印度支那前后，世界反法西斯国家的合作更为密切。1941年6月17日，罗斯福就日本不断扩大的侵略行为向日本驻美大使提出警告。8月9日，罗斯福与丘吉尔签署《英美共同宣言》，即《大西洋宪章》，赞同摧毁德国纳粹暴政和解除侵略国家的武装。

1941年12月8日凌晨，日本海军偷袭珍珠港。12月9日，中国共产党发表宣言，呼吁"中国与英美及其他抗日诸友邦缔结军事同盟，实行配合作战，同时建立太平洋一切抗日民族的统一战线，坚持抗日战争至完全的胜利"。当天19时，国民政府正式对日、德、意宣战。同日，蒋介石致电罗斯福、丘吉尔和斯大林，建议在重庆召集联合军事会议，协调各国作战，得到罗斯福的积极回应。12月23日，中、美、英三国联合军事会议在重庆召开，中、英签订《共同防御滇缅路协定》。会议还决定三国在重庆正式成立军事会议，协调对日作战行动。中国的上述行动，对建立世界反法西斯统一战线起到了直接推动作用。

1942年元旦，由中、美、英、苏四国领衔，26国代表在华盛顿签署《联合国家宣言》，规定：加盟诸国应尽其兵力与资源，以打击共同之敌人，且不得与任何敌人单独媾和。这标志着国际反法西斯统一战线的正式形成。中国公开表明联合反侵略国家对德日意法西斯战斗到底的决心，率先签署《联合国家宣言》，为国际反法西斯统一战线的建立作出了重大贡献。中国战场对日作战的主战场地位、中国人民的抗战决心和长期抗战行动，使中国成为世界反法西斯战争的一个主要成员，也使中国的大国地位得以确认。

★ 中国远征军入缅作战

入缅作战是中国远征军应英方的请求，紧急入缅支援英军对日作战，也是中国军队首次出国与盟军的协同作战。

1941 年 12 月太平洋战争爆发。日军在偷袭珍珠港的同时，向西南太平洋发动进攻，英、美军节节败退，中国西南大后方受到严重威胁。1942 年年初，日军第 15 军司令官坂田祥二郎以 4 个师团及若干特种部队共 10 万之众，集结泰国，谋攻缅甸，企图切断中国的国际补给线。在日军压境、缅北难保的紧急形势下，英国当局授权英缅军司令魏菲尔，通过驻华武官丹尼斯少将向蒋介石请求派兵入缅助战。1942 年 1 月 20 日，日军开始从泰国向缅甸进攻，中国军队旋即入缅。

3 月 8 日，日军占领仰光，滇缅公路的入口港阻断，入缅中国军队乃正式组编为中国远征军，以美国派来协调中国和缅北战区防务的史迪威任总指挥，罗卓英、杜聿明任正、副司令长官，下辖第 5 军（军长杜聿明）、第 6 军（军长甘丽初）和第 66 军（军长张轸）共 9 个师，兵力总数达 10 万人。

远征军经长途跋涉，于 1942 年 3 月中旬到达缅北前线作战。日军占领仰光后，沿铁路北犯，其第 55 师团与中国远征军第 5 军第 200 师（师长戴安澜）对峙于派育、同古一带。3 月 20 日，同古争夺战开始，日军先以 30 架飞机轰炸开道，继以战车纵横扫射，还使用了毒气。中国官兵奋不顾身，勇敢上阵，与敌短兵相接，鏖战数日，双方势均力敌，不相上下，都有重大伤亡。日军从仰光增援，杜聿明见势有全军覆没之虞，毅然下令后撤，同古遂于 3 月 29 日失守。日军占领同古后，继续北进。

4 月中旬，英缅军 7000 余人被日军包围在仁安羌，驻防曼德勒的中国远征军新编第 38 师（师长孙立人）奉命兼程驰援，与包围仁安羌的日军激战两昼夜，歼敌 1200 余人，在危急中解救了英缅军，掩护了其撤退。但英缅军解围后，置中国远征军于不顾，单独遁逃进入印度。日军则乘势追击，5 月 8 日攻陷缅北重镇密支那，切断了中国远征军的后路。远征军孤立无援，决定全线迅速后撤。

后撤时，指挥相当混乱，除新编第 38 师抗命撤入印度得以整建制保存外，其余部队都在撤退过程中遭受严重损失。其中，第 5 军军部、新编第 22 师、第 96 师等部撤入人烟稀少的野人山区，当时正值缅北雨季，地势潮湿，气候炎热，疫病流行，加上给养补给困难和日军的追击，官兵伤亡累累，沿途尸骨遍野。第 200 师师长戴安澜在后撤途经西保时，遭到日军伏击，壮烈殉国。最终，10 万之众的中国远征军仅存 4 万，伤亡过半，未能挽回缅甸防御战的颓势。

中国远征军入缅作战，使日军遭受沉重打击，有力地支援了英军对日作战，受到中外人士的钦佩，支援了国内正面战场，弘扬了中国人民的国际主义和民族牺牲精神，提高了中国的国际地位，为世界反法西斯战争的胜利作出了重要贡献。

★ 缅北滇西反击战

1942 年 8 月，中国远征军分别退至印度和滇西后，重新加以组编，各自进行整训。1943 年年初，重庆国民政府决定再次成立中国远征军。2 月 6 日任命陈诚为司令长官，司令部设在云南楚雄，并增派了部队，重编为第 11、第 20 集团军，在昆明成立训练中心，一边轮流训练官兵，一边沿怒江对日军布防。退至印度的远征军残部改编为中国驻印军，由史迪威任总指挥，罗卓英任副总指挥（后为郑洞国）；重庆国民政府军事委员会随后又陆续空运了一批有一定文化的青年军前往印度，合编成新编第 1 军和新编第 6 军，共 5 个师。中国驻印军选择了印度东部比哈尔省的蓝姆伽地区，由美国军官负责训练，先后在此受训结业的中国官兵约 3 万人。

1943 年，盟军当局决定反攻缅甸日军。在 1 月的卡港会议和 8 月的魁北克会议上，讨论了远征军重返缅甸的反攻作战计划。为了实现反攻，中国驻印军在美国工兵配合下，开辟了从印度雷多到缅北密支那的中印公路（又名史迪威公路）。这年 11 月，反攻开始。驻印军和部分美军首先翻过印缅山区，进入胡康河谷，与日军交战。1944 年年初，驻印军到达大龙河西岸，攻克了丁高、沙坎、孟关等地。与此同时，远征军兵分两路，强渡怒江天险，进入高黎贡山地区，与驻印军形成东西夹攻日军的态势。

中国驻印军占领胡康河谷后，于 1944 年 3 月攻占沙杜渣，进入孟拱河谷。5 月，雨季开始，驻印军冒着恶劣气候，继续南进，渡过水流湍急的南高江，于 6 月占领加迈。随即又在美军配合下，与日军恶战 5 昼夜，夺占孟拱镇，直逼密支那。8 月底，驻印军开始向密支那日军发起猛烈进攻，首先攻占了城西日军机场，截断了其后援通道，然后正面出击，经激烈战斗，击毙日军 790 余人，伤其 1180 余人，光复了这个重镇，从而掌握了缅北抗战的主动权。

远征军渡过怒江后，右翼第 20 集团军越过高黎贡山，9 月 14 日，以阵亡 9168 名官兵的巨大代价光复腾冲；左翼第 11 集团军通过惠通桥，占领腊猛街，经过 68 天血战，以伤亡 5014 人的代价最终用坑道爆破的战法攻克松山，11 月 3 日收复龙陵。之后，在远征军的有力配合下，驻印军向南攻打八莫，经两周的战斗，于 12 月 17 日拿下八莫。1945 年 1 月 27 日，驻印军与远征军在中缅边境的芒友胜利会师，旋即转战南下，又光复了腊戍以南的许多地方。时日军在菲律宾失败，为收缩战线，退出了缅甸。全缅光复，滇缅公路再度通车，中国援缅远征取得了最后胜利。

中国驻印军和中国远征军缅北、滇西反攻历时 17 个月，在复杂的地理气候条件下，挺进 2400 余公里，收复缅北大、小城镇 50 余座，解放缅甸领土 13 万平方公里，收复滇西失地 8.3 万平方公里，基本歼灭日军第 18、第 56 师团，重创日军第 2、第 53、第 49 师团等部，共毙伤日军 4.8 万余人，俘日军 647 人。

缅北滇西反击战揭开了正面战场反攻的序幕，鼓舞了全国军民抗战到底的决心，为中国抗战的最后大反攻创造了有利条件。同时，这也是中国人民对世界反法西斯战争的重大贡献。

★ 美苏对日进攻

1945 年 2 月 4 日，苏、美、英三国首脑在雅尔塔举行会议，讨论欧洲战后处理和对日作战问题。2 月 11 日，三国代表在没有中国代表参加的情况下签订了《雅尔塔协定》，以损害中国主权和利益为条件，换取苏联在德国投降及欧洲战争结束 2 个月或 3 个月内参加对日作战。5 月 8 日，德国无条件投降，盟军的作战重心迅速东移，以全力对付日本法西斯。1945 年 7 月 26 日，波茨坦会议以宣言的形式发表了《中美英三国促令日本投降之波茨坦公告》，敦促日本立即无条件投降。日本最高战争指导会议经过整整一天的讨论后公开拒绝《波茨坦公告》，同盟国只有对日本进行最后一战。

美国杜鲁门政府为了争取掌握占领日本的主动权，急欲单独迫使日本投降，以便获得战后同苏联对抗的有利战略地位。1945 年 7 月 16 日，美国试验原子弹爆炸成功，总统杜鲁门迅速决定对日本使用原子弹，一是指望以此来减少美军伤亡，促使日本尽快投降；二是企图通过展示美国军事优势来对苏联施加政治压力。7月24日，杜鲁门在波茨坦向太平洋战略空军司令卡尔·斯帕茨下达命令："在8月3日以后，只要天气条件允许，第509特混大队即可向下列目标投放第一枚特种炸弹：广岛、小仓、新潟和长崎。"8月6日，美国抢在苏联对日宣战之前向日本广岛投下第一颗原子弹。当即造成17万人死伤。8月9日，又在长崎投下第二颗原子弹，造成6.6万人死伤。美国对广岛、长崎投掷原子弹，震动了日本朝野，沉重地打击了日本军国主义统治集团顽抗到底的精神防线，从而加快了日本投降的进程。

1945年8月8日17时，苏联外交人民委员莫洛托夫向日本驻苏大使佐藤尚武面交了苏联对日宣战书，宣布苏联参加《波茨坦公告》，苏联从8月9日起同日本处于战争状态。8月9日零时，华西列夫斯基指挥苏军从西、北、东3个方向同时对日军关东军发起进攻，并于10日越过国境。此时，日军关东军的大批精锐部队已调往中国关内或太平洋战场，余下的大部是训练不足、装备不强的新组建部队，加之关东军对苏军的主要进攻方向判断失误，主力部队陷入混乱。因此，日军关东军总司令官于8月12日匆忙将总司令部移往通化，并令中部平原各部队向最后阵地撤退。苏军在掌握制空权和有中国东北抗日联军配合的有利条件下，以机械化部队迅速向大纵深推进，同时以空降兵向哈尔滨、沈阳、长春、吉林、旅顺、大连等主要城市实施空降，经过20余天作战，击毙日军8.3万余人，俘虏日军60.9万余人，迫使日军关东军投降。苏联参加对日作战而发起的远东战役，大大缩短了同盟国对日作战的时间，加速了日本的投降进程。

第四部分

反攻与胜利

★ 解放区战场全面反攻

1945 年 5 月 8 日，德国法西斯无条件投降，日本法西斯陷入了完全孤立的境地。国际形势的巨大变化，预示着中国抗日战争到了即将胜利的前夜。7 月 26 日，中、美、英三国政府发表《波茨坦公告》，敦促日本政府立即无条件投降。8 月 8 日，苏联政府对日宣战。9 日，苏联红军兵分 3 路向中国东北挺进，给盘踞在东北和朝鲜的日军关东军以毁灭性的打击。至此，解放区战场对日军进行全面反攻的时机终于完全成熟。

8 月 9 日，毛泽东发表《对日寇的最后一战》的声明，号召中国的抗日力量举行全国规模的反攻。10 日，中共中央发出《关于苏联参战后准备进占城市及交通要道的指示》，要求各中央局、中央分局及各区党委立即动员一切力量，向日伪军进行广泛的进攻，迅速占领被我军包围和可能占领的大小城市、交通要道。同日，朱德发布了战略大反攻的第一道命令，令各解放区抗日武装部队向日伪军发出最后通牒，限其在一定时间内缴械投降，否则予以坚决消灭。11 日，朱德总司令又连续发出 6 道进军命令，令各解放区军民紧急行动，集结力量，对日伪军发起全面大反攻。

在聂荣臻指挥下，八路军晋察冀军区部队以北平、天津、保定、张家口、石家庄等城市为主攻方向，向平绥路东段、平汉路北段、津浦路北段、北宁路南段的广大地区进军。同时派遣冀热辽部队挺进东北，于 8 月 11 日至 9 月 3 日，收复了张家口、秦皇岛、山海关等 28 座城市，解放了察哈尔省和河北省、辽宁省各一部，并包围了北平、天津和保定。

在刘伯承、邓小平指挥下，八路军晋冀鲁豫军区部队以太行军区一部分主力向同蒲路南段东侧地区和平汉路石家庄至邯郸段西侧地区出击，另一部分组成道清支队，向道清路新乡至博爱段进攻；太岳军区部队向同蒲路南段和黄河北岸进攻；冀南军区部队向平汉路石家庄至邯郸段东侧地区进攻；冀鲁豫军区部队除以一部配合山东部队进攻济南以外，另组成中、南、北3路大军，向平汉路邯郸至新乡段东侧和陇海路开封至徐州地区展开进攻。从8月11日至9月20日，晋冀鲁豫军区共收复县城59座，解放了黄河沿岸广大地区，使太行、太岳、冀南、冀鲁豫4块根据地完全连成一片。

在贺龙、李井泉指挥下，八路军晋绥军区部队从南、北两线进行反攻。北线的雁门军区和绥蒙军区部队向平绥路及其两侧地区进攻，以攻占归绥为中心；南线的吕梁军区部队以攻占太原为中心，在同蒲路和汾（阳）离（石）公路两侧展开；其他部队也向当地日伪军据点展开进攻。至9月上旬，解放了绥远和山西的大片地区。

在罗荣桓指挥下，八路军山东军区部队兵分5路大举反攻：鲁中军区部队向胶济路西段、津浦路济南至兖州段进攻，向济南城郊逼近；滨海军区部队向胶济路东段和陇海路东段进攻，配合胶东部队和新四军进攻青岛、连云港；胶东军区部队向胶济路东段和沿海各城市进攻；渤海军区部队向胶济路西段及津浦路济南至沧州段进攻；鲁南军区部队向津浦路徐州至兖州段沿线进攻。经过5路大军一个多月的协同作战，解放了山东108个县中的100个县，切断了胶济、津浦、陇海等铁路交通线，使济南、青岛、徐州、连云港等城市处在我解放区的包围之中。

在陈毅等指挥下，新四军华中军区部队从江南和江北驻地分别向长江两岸、津浦路南段、陇海路东段及沪宁路、沪杭路等地区进攻，解放了县城32座、重要市镇400多个，使苏中、苏北、淮南、淮北解放区连成一片。

在东北，八路军冀热辽等部队沿北宁路和海上向东北进军；随后，中共中央和中央军委又从各解放区抽调大批部队和干部，特别是抽调山东、华中的主力部队进入东北，与东北的抗日联军一起，配合苏联红军解放了东北地区。

在华南，东江纵队组成的几路大军向东江沿江、沿海和广九路、潮汕路进攻；琼崖纵队也从五指山区转入外线进行反攻，收复了大批市镇和据点，扩大了解放区。

从1945年8月11日至9月2日，敌后战场的全面反攻共歼灭日军1.37万余人、伪军38.5万余人，缴获步、马枪24.3万余支，轻、重机枪5000余挺，各种炮1300多门，收复县以上城市250多座，并一度攻入归绥、天津、保定、石家庄、芜湖等城市，切断平绥、北宁、同蒲、平汉、津浦、正太、德石、胶济、陇海、广九等铁路，取得了全面反攻的重大胜利。

★ 日本投降

1945年5月8日，法西斯德国无条件投降，欧洲战事结束，世界反法西斯战争进入最后阶段，盟军在亚洲大陆各战场对日军发起反攻。7月26日，中美英三国政府首脑发表《波茨坦公告》，敦促日本无条件投降，否则将予以日本"最后之打击"，但日本仍拒不投降。

8月6日，为了避免采取会导致大量伤亡的登陆战以及企图先苏联一步拿下日本本土，美军在日本广岛投下第一颗原子弹，3天后又在长崎投下第二颗原子弹。

8月8日，苏联外交人民委员莫洛托夫召见日本驻苏大使佐藤尚武，将苏联对日宣战通告交给他。至此，日本想以苏联为居间人结束战争的最后一线希望终成泡影，彻底破灭。

8月9日，日本召开最高战争指导会议，讨论战与降的问题。10日凌晨，日本裕仁天皇采纳了一个方案，即以不变更天皇统治国家大权作为接受《波茨坦公告》的附带条件。日本临时内阁会议再次复会通过了接受《波茨坦公告》的决议。

8月15日正午，日本裕仁天皇通过广播发表《终战诏书》，宣布无条件投降。17日，成立了以陆军大将东久迩稔彦为首的新内阁，重光葵任外相。当日，天皇还向国内外的日本陆海军人颁布一道敕谕，命令他们遵照《终战诏书》投降。从这时起到9月上中旬，远东、东南亚各国、南太平洋诸岛的300多万日本军队，先后陆续向同盟国投降。

9月2日上午，在停泊于日本东京湾的美国战列舰"密苏里号"上举行了签降仪式。日本新任外相重光葵代表天皇和政府、参谋总长梅津美治郎代表日军大本营在投降书上签了字。麦克阿瑟上将以远东盟军最高司令官的身份签字。随后，接受投降的9个同盟国代表分别代表本国签字，分别是：美国代表尼米茨海军上将、中国代表徐永昌上将、英国代表福莱塞海军上将、苏联代表杰列维亚科中将，以及澳大利亚、加拿大、法国、荷兰、新西兰等国的代表。签字结束后，数千架美军飞机越过"密苏里号"军舰上空，庆祝这个具有伟大历史意义的时刻。

同日，日本天皇发布诏书，命令日本臣民"速停敌对行为，放下武器"，着实履行投降书之一切条款。日本首相东久迩稔彦也向全国发表文告，要求日本国民"秉承天皇圣旨""正式投降唯有顺从"。

至此，日本帝国主义历时14年的侵略战争，以彻底失败而告终。第二次世界大战也以世界反法西斯国家人民的伟大胜利而结束。

★ 中国战区受降

1945 年 8 月 15 日，日本政府发布天皇裕仁的投降诏书。在中国战场，麦克阿瑟以远东盟军最高司令官名义，对日本政府和中国战区的日军下令，只能向蒋介石国民党军投降，不得向中国共产党领导的抗日武装力量缴械，蒋介石利用中国战区最高统帅的合法地位垄断受降权。同日，蒋介石电令日军中国派遣军总司令官冈村宁次：中国战区所属日军应停止一切军事行动，并派代表到玉山接受中国陆军总司令何应钦之命令；军事行动停止后，日军可暂保有其武器及装备，保持现有态势，并维护所在地之秩序及交通；所有飞机及舰船应停留现地，但长江内舰应集中宜昌、沙市；不得破坏任何设备及物资；不得向任何非暂定受降部队投降缴械、交出地区及物资；绝对不能将行政机关移交非指定之行政或代表等。

何应钦受命于蒋介石的受降权限是：（一）处理在中国战区内之全部敌军投降事宜；（二）指导各战区、各方面军、分区分批办理一切接受敌军投降的实施事宜；（三）对中国战区之敌军最高指挥官发表一切布告命令；（四）与中国战区美军人员合作办理美军占领区、盟军联合占领区交防接防敌军投降后之处置等。随即，何应钦下令凡中国战区之日本陆海空军及辅助部队，"立即各就现在驻地及指定地点，静待命令，凡非蒋委员长或本总司令所指定之部队指挥官，日本陆海军不得向其投降缴械，及接洽交出地区，与交出任何物资"。

中国战区的受降范围包括中国大陆（东北除外）、中国台湾、越南北纬 16 度以北地区之日军。洽降地点为玉山，后因玉山机场雨后跑道损坏，临时改在湖南芷江进行。8 月 20 日，何应钦率中国陆军参谋长萧毅肃等 30 余人抵达芷江。参加受降工作的中国陆军副总参谋长冷欣及中国战区各地受降主官也先后抵达芷江。21 日，日本乞降使节、日军中国派遣军副总参谋长今井武夫一行 8 人受冈村宁次指派到达芷江。27 日，国民政府在南京设受降前进指挥所受理日伪军受降事宜。何应钦因指示各战区司令长官抢占战略要地，先后飞往湖北、西安、江西、昆明等地区面授机宜，于 9 月 8 日飞往南京。

9 月 9 日，中国战区日军投降签字仪式在南京国民政府中央军校大礼堂内举行。应邀参加的有美国、英国、苏联、加拿大、荷兰、澳大利亚等国的军事代表和驻华武官，以及中外记者、厅外仪仗队和警卫人员近千人。中国战区最高统帅蒋介石的特派代表、中国陆军总司令、陆军一级上将何应钦，第 3 战区司令长官顾祝同、陆军参谋长萧毅肃、海军总司令陈绍宽、空军第 1 路司令张廷孟等步入会场，就座受降席。随后，日军代表中国派遣军总司令官冈村宁次、总参谋长小林浅三郎、副总参谋长今井武夫、中国派遣军舰队司令官福田良三、台湾军参谋长谏山春树等 7 人，脱帽由正门走入会场。受降仪式于 9 时开始。冈村宁次解下所带佩刀，交由小林浅三郎双手捧呈何应钦，以表示侵华日军正式向中国缴械投降。随后，冈村宁次在投降书上签字。受降仪式约 20 分钟。

日本签字投降，标志着 100 多年来中国人民反对帝国主义侵略第一次取得完全胜利，它洗雪了鸦片战争以来的民族耻辱。中国抗日战争的胜利，为被压迫民族争取独立解放树立了光辉的旗帜，极大地推动了民族解放运动的发展，使第二次世界大战后的世界格局发生了深刻变化。

★ 台湾光复

1945 年 10 月 25 日上午 10 时在台北中山堂举行了中国战区台湾省受降典礼,台湾省行政长官陈仪代表中国战区最高统帅受降。从此,遭受日本殖民统治长达 50 年之久的台湾终于回到祖国的怀抱。

1894 年 7 月 25 日,日本挑起了中日甲午战争,由于清政府的腐败无能,中国军队在战场上接连战败,清政府被迫与日本签订了丧权辱国的《马关条约》。通过《马关条约》,日本侵占了台湾全岛及其所有附属各岛屿以及澎湖列岛,还有 2 亿两白银的赔偿和在中国的许多特权。

日本在台湾实行殖民统治的 50 年中,台湾人民一直没有停止过反抗日本侵略的斗争。全国抗战时期,台湾同胞回大陆参加抗战的有 5 万余人。

早在全国抗战爆发后,中国政府和人民即着手进行收复台湾的准备工作。1937 年,中国共产党在其发表的《中共中央为公布国共合作宣言》和《抗日救国十大纲领》中,明确提出要"废除日本条约",收复被日本占领的失地。

1940 年 4 月上旬,在重庆召开的国民参政会第一届第五次会议上,中国共产党代表董必武与其他与会代表共 27 人联署,向会议提交《策进台湾朝鲜革命使敌益速崩溃案》,强调"应即宣布马关条约无效,认台湾亦在收复之失地范围"。

1941 年 12 月 9 日,国民政府主席林森发布《国民政府对日宣战文》，郑重宣布中国将"收复台湾、澎湖、东北四省土地"。

1942年4月，重庆各文化团体联合举行台湾光复运动宣传大会，表示要收复台湾。此后，每年的4月17日《马关条约》签订日和6月17日台湾抗日纪念日，全国各界均进行台湾光复宣传日活动和台湾抗日纪念日活动，表达要收复被日本侵占的国土台湾的决心。

1942年11月，国民政府外交部部长宋子文宣称，战后"中国应收回东北四省、台湾及琉球，朝鲜必须独立"。

1943年11月，中、美、英三国首脑在开罗召开会议，发表的《开罗宣言》宣称："满洲、台湾、澎湖列岛等，归还中国。"从而在国际法上确定了中国对台湾恢复主权的法律依据，明确了中国战后收回台湾和澎湖列岛等领土的神圣权利。

1945年7月26日，中、美、英三国签署《波茨坦公告》，重申《开罗宣言》，日本必须将台湾和澎湖列岛归还中国，再次从国际法上明确了中国拥有台湾和澎湖列岛的主权。

1944年3月，国民党设立台湾调查委员会，负责光复台湾的各项具体准备工作，委派行政院秘书长陈仪为主任委员，沈仲九、王芃生等为委员。台湾调查委员会下设行政区划研究会、土地问题研究会、公营事业研究会等组织来负责具体问题的研究筹划。

1945年3月，台湾调查委员会完成《台湾接收计划纲要草案》。决定在台湾采用行政长官制，设立行政长官公署。当年9月，中国政府公布了《台湾省行政长官公署组织大纲》。

1945年8月28日，国民政府任命陈仪为台湾行政长官兼台湾警备司令部总司令，负责包括澎湖列岛在内的台湾地区的受降工作。

1945年10月25日上午，中国战区台湾省受降典礼在台北中山堂隆重举行，数千位台湾各界人士出席大会。陈仪为受降主官。日方代表安藤利吉在投降书上签字盖章。

投降签字仪式完毕后，陈仪发表即席广播："从今天起，台湾及澎湖列岛已正式重入中国版图，所有一切土地、人民、政事皆已置于中华民国国民政府主权之下，这种具有历史意义的事实，本人特报给中国全体同胞及全世界周知。"

当日下午，台湾各界在中山堂举行庆祝台湾光复大会，庆祝台湾及澎湖列岛等光复并重归祖国版图。从此，被日本侵占50年的台湾终于回到祖国的怀抱。为纪念台湾光复，10月25日被定为"光复节"。

11月3日，台湾行政长官公署公告台湾法制原则：中国一切现行法律适用于台湾，日本殖民时期的一切法律、法令一律废止。经过两个月时间，整个接收工作基本完成。

1946年1月12日，中国政府发布训令："查台湾人民原系我国国民，以受敌人侵略致损失国籍，兹国土重光，其原有我国国籍之人民，自民国三十四年十月二十五日起应即一律恢复我国国籍。"从此，台湾民众在事实上和法律上都恢复了中国国籍，回到了祖国怀抱。

台湾光复，一举洗雪了中华民族在甲午战争中遭受的巨大屈辱，这是中国抗日战争的伟大成果，是包括台湾同胞在内的全体中华儿女团结奋斗的结晶，是全民族的骄傲，表明了中国抗战对世界反法西斯战争的巨大贡献得到了国际社会的普遍承认。

★ 战犯审判

第二次世界大战结束后，同盟国在日本东京设立了远东国际军事法庭，根据国际法对发动侵略战争的日本战犯进行了审判。由于这次审判在日本东京举行，故而远东国际军事法庭又称东京法庭，该法庭所进行的审判又称东京审判。

东京审判的检控方和法官会议由中国、苏联、美国、英国、法国、澳大利亚、荷兰、菲律宾、加拿大、新西兰、印度 11 国组成。美国联邦司法部部长助理为首席检察官，中国检察官代表是上海特区法院首席检察官向哲浚；法庭庭长为澳大利亚韦伯，中国法官是国民政府立法委员兼外交委员会主席梅汝璈。

东京审判从 1946 年 5 月 3 日开始，到 1948 年 11 月 12 日结束，前后持续两年半之久，共开庭 818 次，法官内部会议 131 次，有 419 位证人出庭作证，779 位证人提供述书和宣誓口供，受理证书 4336 份，英文审判记录 48412 页。1948 年 4 月 16 日，远东国际军事法庭宣布休庭，以作出判决。1948 年 11 月 4 日，法庭再次开庭，宣读判决书。判决书共 10 章，总计 1231 页，90 余万字，到 12 日，历经 8 天才宣读完毕。

《判决书》共分 3 部分，列为 10 章，全面地揭露了日本帝国主义在 1928—1945 年有计划、有准备地发动和实行侵略战争的事实，认定日本帝国主义犯有侵华罪行，犯有侵略苏联、侵略东南亚各国并拼凑"大东亚共荣圈"以及发动太平洋战争的罪行。《判决书》还揭露了日军在中国东北、河北、上海、南京、汉口、广州和广西等地大肆烧杀奸淫的种种残暴行径。

《判决书》对 25 名甲级战犯作出宣判：东条英机、广田弘毅、松井石根、土肥原贤二、板垣征四郎、木村兵太郎和武藤章 7 人被判处绞刑；判处无期徒刑者 16 人：荒木贞夫、桥木欣五郎、木户幸一、平沼骐一郎、贺屋兴宣、岛田繁太郎、白鸟敏夫、大岛浩、星野直树、小矶国昭、畑俊六、梅津美治郎、南次郎、冈敬纯、佐藤贤了和铃木贞一；判处有期徒刑者 2 人：东乡茂德判 20 年，重光葵判 7 年；列入起诉书中的另外 3 名甲级战犯，前外相松冈洋右与前海军大将永野修身因在关押期间病死，为日本侵略炮制法西斯理论的大川周明被诊断为精神病，法庭宣布"从起诉书中删除松冈和永野，中止对大川的继续审讯"。

远东国际军事法庭对日本主要战犯作出的合乎正义的公正判决，肯定了日本从九一八事变到太平洋战争期间所进行的是侵略战争，并惩办了战争的策划者，有利于保障世界各国人民的和平与安宁。此外，东京审判还推动了国际法的发展。

但是，审判期间逐渐升温的"冷战"影响到对日本战犯的审讯和处置，因此，东京审判存在缺陷：一是没有追究日本天皇的战争责任；二是没有把"反人道罪"作为独立的起诉原因；三是没有严惩实施细菌战和化学战的战犯；四是虎头蛇尾，1948 年 12 月 24 日，释放 19 名甲级战犯嫌疑犯，后又宣布对乙、丙级战犯结束审判，不再逮捕、搜查战犯嫌疑犯。1950 年 3 月 7 日，驻日盟军总司令麦克阿瑟还公然公布了"宣誓出狱"的"第 5 号指令"，规定所有根据判决书仍在日本服刑的战犯都可以在刑满前按"宣誓释放制度"予以释放。这实际上又变相否定了远东国际军事法庭的判决。中华人民共和国外交部于 1950 年 5 月 15 日发表声明，指出："对于麦克阿瑟以单方命令擅自规定提前释放日本战犯一事，绝对不予承认。"

在远东国际军事法庭对日本战犯进行审判的同时，被侵略的各国也相继成立了军事法庭，对乙级或丙级日本战犯进行审判。

1949 年 12 月 25—30 日，苏联特别军事法庭在伯力对 12 名日本战犯进行了审判。

另外，苏联将 60 余万关东军和 148 名将官俘虏送至苏联各地，并逮捕了 969 名日本战犯，于 1950 年 7 月 31 日将其引渡给中国政府，后关押在辽宁省抚顺监狱。

英国在香港、新加坡设立特别军事法庭，对日本战犯进行审判。美国对 1453 名日本战犯进行起诉。澳大利亚对 939 名日本战犯进行起诉。

从 1945 年 12 月起，中国对日本战犯进行审判，相继在保定、东北、南京、广州、济南、武汉、太原、上海、台湾等地设立法庭，审判日本战犯。从 1945 年年底至 1947 年 2 月底，上述各军事法庭共受理战犯案件 2435 件，已判决的 318 件，不起诉的 661 件。经国防部核定判处死刑的 110 件，其中包括南京大屠杀主犯之一、日军第 6 师团师团长谷寿夫，屠杀中国平民的刽子手田中军吉，在南京进行杀人比赛的向井敏明、野田毅等罪大恶极者，判处徒刑的 208 件，宣告无罪的 283 件。

由于蒋介石等人出于利用日军力量进行"反共"内战的考虑，对侵华日军战争罪犯的审判竭力施加影响，从轻从宽处理，甚至免于追究和无罪释放。如前日军中国派遣军总司令官冈村宁次是侵略中国历时最久、罪恶最大的战犯之一，蒋介石却让他做秘密军事顾问，策划向解放区的进攻。在全国人民的愤怒舆论的压力下，蒋介石被迫对其进行"审判"。1949 年 1 月 26 日，国防部审判战犯军事法庭竟然宣判冈村宁次无罪。

新中国成立后，根据 1956 年 4 月 25 日中华人民共和国全国人民代表大会常务委员会《关于处理在押日本侵略中国战争中犯罪分子的决定》，中华人民共和国最高人民法院特别军事法庭分别于沈阳、太原开庭，对在押日本战争罪犯进行公开审判。

1956 年 6—8 月，中华人民共和国最高人民检察院先后分 3 批对在押的 1017 名罪行较轻、悔罪较好的日本战犯，宣布从宽处理，免予起诉，即行释放。

中华人民共和国对日本战犯的审判，着眼于发展中日两国人民的友好关系，坚持思想教育从严，刑事判罚从宽。通过对在押日本战犯认罪事实的教育，使他们认识到日本对华战争的侵略性质和对中国人民犯下的严重罪行，并一一写下认罪悔过书，表示要痛改前非。许多在中国获释的日本战犯，后来成了中日友好的民间使者。中华人民共和国政府对日本战犯的成功改造和妥善处理，受到国内外舆论的广泛称赞。

★ 中国抗日战争胜利的历史贡献及伟大意义

中国抗日战争，是 1840 年鸦片战争以来中国人民反侵略斗争史上最辉煌的民族解放战争。这场战争的胜利，改写了中国近代以来因外敌入侵而被迫割地赔款、丧权辱国的历史，捍卫了中华民族数千年的文明成果，为中华民族的伟大复兴奠定了坚实基础。

抗日战争胜利的历史说明，中国人民能够在亡国灭种的危境中开辟出民族奋起的新道路，中华民族具有无限的生命力。中国共产党高举抗日民族统一战线旗帜，实行人民战争的抗战路线和方针政策，领导中国人民争取民族独立和解放，率领人民抗日武装力量坚持持久抗战，不愧为全民族抗战的中流砥柱。

中国抗日战争从 1931 年九一八事变开始，至 1945 年 9 月日本投降签字，历时 14 年之久。据近年调查的不完全统计，抗日战争中，中国军队伤亡 380 余万人，中国人民牺牲 2000 余万人，军民伤亡总人数达 3500 万人以上。直接经济损失 1000 多亿美元，间接经济损失达 5000 多亿美元。

中国在抗日战争中付出了巨大的民族牺牲，也为世界反法西斯战争作出了不可磨灭的贡献。中国军民进行重要战役 200 余次，大小战斗近 20 万次，歼灭日军 150 余万人，歼灭伪军 118 万人。战争结束时，接受投降日军 128 万人，接受投降伪军 146 万人。中国抗战对世界反法西斯战争尽了自己的责任。中国人民最早举起反法西斯的义旗，并以举国奋战最先开创了世界反法西斯战争的亚洲战场。在国内外重重困难的条件下，中国承受着日本侵略战争的全部压力，直至太平洋战争爆发。中国战场是东方战场的主要战场，它对稳定东方反法西斯战局起了决定性的作用。没有中国抗战对日本侵略者的沉重打击，使其战略、政略都遭到惨败，则盟国"先欧后亚"战略的实施根本无从谈起，世界反法西斯战争的整个进程将被改变。

中国抗日战争开始后不久，就形成了既相互依存又相互独立的两个战场：一个是由国民党军队所担负的正面战场，一个是由共产党领导的人民军队所担负的敌后战场。这是中国抗日战争的显著特点。据不完全统计，国民党正面战场先后进行大战役 22 次，重要战斗 3117 次，毙伤日军 85.9 万余人。中国共产党领导的抗日敌后战场，共毙伤日军 52 万余人、伪军 49 万余人，俘虏日军 6213 人、伪军 51 万余人，全体军民在敌后长期浴血奋战，坚持抗战到底，解放区平民伤亡 890 余万人，八路军、新四军和华南抗日游击队共伤亡 58 万余人，为中华民族的独立和解放做出了不可磨灭的历史贡献。

中国抗日战争在中国战争史上是空前的，在人类战争史上也是伟大的。中国抗日战争胜利具有重大意义

1931—1945 年的中国抗日战争，是中国人民反抗日本帝国主义侵略的正义战争，是中华民族与日本法西斯进行的一场正义与邪恶、光明与黑暗、进步与反动的大搏斗，也是中国近代以来抗击外敌入侵第一次取得完全胜利的民族解放战争。在这场伟大的抗日战争中，中华民族同仇敌忾，浴血奋战，创造了弱国打败强国的光辉业绩，在世界东方演出了一幕威武雄壮的活剧，创造了人类战争史上的奇迹，成为世界反法西斯战争不可分割的重要组成部分，中国人民为战胜日本法西斯，夺取世界反法西斯战争的胜利作出了伟大的历史性贡献。

抗日战争改变了中国的国家命运，初步完成了中华民族独立与解

放的任务。抗日战争为争取中华民族独立和解放创造了历史机遇。由于中国的抗日战争为世界反法西斯战争作出了巨大贡献，因此赢得国际社会的尊重，中国的国际地位也随着抗战的展开和胜利而得以提高。中国积极开展外交活动，初步废除了各国对华不平等条约所赋予的许多特权，使一个世纪以来列强强加给中国的不平等条约体系开始崩溃。中国积极参与国际事务，在争取战争最后胜利及构建战后国际秩序等方面发挥了重要作用，并成为联合国的主要创始国和安理会常任理事国，使中国在世界反法西斯战争中形成的大国地位得以初步确立。

抗日战争促进了中华民族的觉醒和团结。这场战争，使中华民族有史以来空前觉醒，空前团结，为民族前途和命运而抗争的意识空前增强。这种巨大的民族觉醒和空前的民族团结，从根本上决定着战争的进程和结局。中华民族的觉醒和团结，不但是战胜日本侵略者的力量支撑，而且是实现民族复兴的不竭动力，是中国人民弥足珍贵的精神财富。

抗日战争为新民主主义革命的彻底胜利奠定了坚实的基础。抗日战争不仅是争取独立与解放的民族战争，而且是追求民主与进步的深刻社会变革。以毛泽东为代表的中国共产党人，从中国广大人民群众的根本利益出发，动员、组织和武装人民群众特别是广大农民群众，开展波澜壮阔的人民战争，实行全面的全民族的抗战路线，逐步发挥抗战的主导作用，逐渐成为带领全民族抗战的核心；同时努力实践大众的民主诉求，全心全意为人民服务，得到广大群众和各民主党派的支持，从而推动了中国新民主主义革命的历史进程。伟大的抗日战争是一场深刻的社会变革，考验着所有的党派、团体和政治力量。人民选择了中国共产党及其代表的人民解放事业，是时代的要求和历史的必然。抗日战争改变了中国社会政治力量对比，为建立新中国和实现中华民族的伟大复兴创造了有利条件。

第五部分

抗战人物志

★ 杨靖宇

杨靖宇，原名马尚德，民族英雄，著名抗日将领，东北抗日联军主要创始人和领导人，被誉为"东三省第一个执行游击战术的人"。在冰天雪地中，战至最后一人而壮烈牺牲，年仅35岁。

杨靖宇1905年2月16日生于河南省确山县李家湾农民之家。1926年加入中国共产主义青年团。1927年5月加入中国共产党。历任河南确山农民革命军总指挥，中共抚顺特别支部书记，全满反日会党团书记，哈尔滨市委书记，中共满洲省委军委代理书记，南满游击队政委，东北人民革命军第1军独立师师长兼政委，南满抗日联合军总指挥，东北人民革命军军长兼政委，东北抗日联军第1路军总司令、政委兼第1军军长、政委等职。

1937年卢沟桥事变后，杨靖宇率领东北抗日联军第1军积极行动，频繁出击，消灭了大批敌人，以实际行动配合关内作战。杨靖宇的部队被日伪统治者称为"满洲国"的"治安之癌"。1939年冬，日伪军加紧"讨伐"。为缩小目标，保存力量，杨靖宇指挥部队分散行动。1940年年初，杨靖宇冒着零下40摄氏度严寒率部来到吉林省濛江县境内活动。由于叛徒告密，敌人发现了他的行踪，立即调集兵力，疯狂追袭，日夜搜索。杨靖宇在敌重重包围中穿梭苦战，但仍未能突破重围，身边的战士也相继牺牲。杨靖宇亦多处受伤，加之奔走多日，腹无粒米，饥寒交迫，又患了重感冒，几近精疲力竭，但他仍坚持顽强战斗，且战且退。2月23日，杨靖宇到达濛江县保安村附近。由于汉奸告密，敌人在三道崴子将他包围。杨靖宇毫无惧色地倚着大树，双手开枪，顽强抗击。敌人幻想着活捉杨靖宇，呼喊着叫他投降。他大义凛然，丝毫不为所动，视死如归，坚决抵抗。敌人见劝降无效，便集中火力向他射击。杨靖宇身中数弹，壮烈殉国。杨靖宇牺牲后，敌人残忍地铡下他的头颅，又剖开他的腹部。敌人发现杨靖宇的肠胃里尽是未能消化的草根、树皮和棉絮，没有一粒粮食。

抗战胜利后，为了永远纪念杨靖宇，濛江县人民政府决定将濛江县改为靖宇县。哈尔滨将杨靖宇曾经工作和战斗过的一条大街改名为靖宇大街。新中国成立后，在吉林通化市修建了杨靖宇陵园，朱德为陵园题词："人民英雄杨靖宇同志永垂不朽。"2009 年 9 月，杨靖宇被评为"100 位为新中国成立作出突出贡献的英雄模范人物"。2014 年 9 月，杨靖宇成为民政部公布的第一批在抗日战争中顽强奋战、为国捐躯的 300 名著名抗日英烈之一。

★ 赵尚志

赵尚志，民族英雄，著名抗日将领，东北抗日联军创建者和领导者。辽宁省朝阳县人，1908 年 10 月 26 日生，1925 年夏加入中国共产党，同年冬，入黄埔军校第 4 期学习。1926 年 5 月回到哈尔滨参加建党工作。1931 年年底被任命为中共满洲省委军委书记。1933 年 10 月，在北满珠河县组织抗日游击队任队长，后随着部队的发展壮大历任东北反日游击队哈东支队司令，东北人民革命军第 3 军军长，北满抗日联军总司令，东北抗日联军第 3 军军长，东北抗日联军第二路军副总指挥。

　　1937 年秋，日伪当局将讨伐重点由南满转向北满地区，进攻矛头直指抗联活跃地区伪三江省，东北抗日斗争进入极其艰苦时期。赵尚志为谋求苏联援助，与中共中央取得联系，于 1938 年 1 月进入苏联，不料遭误会被苏军关押长达 1 年半之久。1939 年 9 月，赵尚志被解除关押，并在苏军帮助下组建了一支百余人装备精良的队伍回东北进行抗日斗争。由于东北斗争形势的恶化，他再次赴苏求援。不幸的是，在此后的一段时间里，他再次经受了一系列不公正的打击和磨难，但他抗日的决心始终没有丝毫动摇。

　　在东北形势异常险恶的情况下，赵尚志为了国家的独立和民族的解放，不顾个人安危，奉命于 1941 年 10 月带领由 5 名战士组成的小分队从苏联返回东北抗日战场。敌人获悉赵尚志重新出现并活动的情报后，立即派驻鹤立伪警察大队进山搜捕，但未发现任何踪影。于是，精心策划，派特务刘德山打入小分队内部，骗取了赵尚志的信任。1942 年 2 月 12 日，日寇密谋引诱赵尚志去袭击梧桐河警察局驻所。途中，特务刘德山凶狠地从背后向赵尚志开了枪。身受重伤的赵尚志忍着伤痛开枪打死了刘德山，并命令战士们立即转移。激战中，赵尚志终因流血过多，于重伤昏迷中被敌人逮捕。在敌人审讯中，他大义凛然，宁死不降，大声痛斥审讯官，表现了中国共产党人的凛然正气和高尚气节。赵尚志被杀害后，敌人割下他的头颅庆功，将他的躯体投进松花江冰窟。

　　新中国成立后，为了表彰赵尚志的抗日功绩并永远缅怀这位抗日英雄，人民政府把珠河县改名为尚志县，把他的牺牲地改为尚志村，把哈尔滨的一条主要街道命名为尚志大街。

　　2004 年赵尚志的颅骨在长春护国般若寺被发现，2008 年 10 月 25 日其颅骨安葬于烈士家乡辽宁省朝阳市"赵尚志烈士陵园"。2009 年 9 月，赵尚志被评为"100 位为新中国成立作出突出贡献的英雄模范人物"。2014 年 9 月，赵尚志成为民政部公布的第一批在抗日战争中顽强奋战、为国捐躯的 300 名著名抗日英烈之一。

★ 赵一曼

　　赵一曼，原名李坤泰，在东北从事抗日斗争时化名赵一曼。1905年 10 月 25 日出生于四川省宜宾县一个地主家庭。五四运动期间受革命思想影响，毅然背叛封建家庭，投身革命。1923 年冬加入中国社会主义青年团，1926 年 3 月加入中国共产党。曾在黄埔军校、苏联莫斯科中山大学学习。1928 年冬回国后，在宜昌、南昌、上海等地从事地下革命工作。

　　九一八事变后，赵一曼被派到东北从事抗日斗争，曾任哈尔滨总工会代理书记、东北抗日联军第 3 军第 2 团政委等职。1935 年 11 月在与日伪军作战时不幸受伤被捕。敌人为逼迫她供出抗联的机密和中共地下组织，对她进行了严酷的拷问。面对敌人的严刑拷打，赵一曼将生死置之度外，忍着剧痛，怒斥日军侵华罪行："你们可以让整个村庄变成瓦砾，可以把人剁成肉泥，可是你们消灭不了共产党人的信仰！"表现出一个共产党员坚强的意志和誓死抗日的决心。12 月，赵一曼伤势严重，生命垂危，日军为得到重要口供，将她送到哈尔滨市立医院进行治疗。在治疗期间，赵一曼争取了具有爱国思想的伪警察董宪勋和护士韩勇义的同情和帮助，在一天夜里逃了出去，但不幸又被敌人追回，关进伪警务厅。在这里，日伪宪兵对她采取了吊打、鞭抽、火烤、老虎凳、刮肋骨、铁条扎、压杠子、灌辣椒水和汽油、烙铁烫、电刑等十多种灭绝人性的酷刑。赵一曼被折磨得一次次昏死过去，但始终坚贞不屈，敌人没有从她口中获得任何情报。

敌人绝望了，决定将赵一曼押运至其开展抗日活动的珠河县杀害她。在前往珠河的火车上，她给心爱的儿子写下了催人泪下的遗书："母亲和你在生前是永远没有再见的机会了。希望你，宁儿啊！赶快成人，来安慰你地下的母亲！我最亲爱的孩子啊！母亲不用千言万语来教育你，就用实行来教育你。在你长大成人后，希望不要忘记你的母亲是为国而牺牲的！"当日，即1936年8月2日，赵一曼英勇就义，年仅31岁。新中国成立后，朱德委员长曾亲笔题词："革命英雄赵一曼烈士永垂不朽！"1950年东北电影制片厂拍摄了电影《赵一曼》，把她的事迹搬上了银幕。1953年1月1日周恩来总理亲临东北烈士馆向赵一曼等革命烈士敬献了花圈。哈尔滨市将她曾战斗过的一条主街命名为一曼大街。赵一曼的家乡于1960年修建了赵一曼纪念馆，1986年8月2日，赵一曼牺牲50周年之际，又竖立起赵一曼烈士汉白玉雕像。2009年9月，赵一曼被评为"100位为新中国成立作出突出贡献的英雄模范人物"。2014年9月，赵一曼成为民政部公布的第一批在抗日战争中顽强奋战、为国捐躯的300名著名抗日英烈之一。

★ "八女投江"

"八女投江"中的冷云等8名东北抗联女战士，是在顽强抗击日本侵略者的战斗中，与日军血战到底而绝不屈服，最后集体投江殉国的英雄群体。

1938年5月，为粉碎侵华日军扼杀东北抗日联军的阴谋，东北抗日联军第4、第5军主力于牡丹江下游的刁翎开始向五常地区西征。冷云等女战士也一同参加西征。西征途中，敌我双方激战频繁，东北抗联第5军损失很大，最后只剩下100余人，部队只好回到了牡丹江沿岸。这时东北抗联第4、第5军西征时合编的妇女团只剩下指导员冷云等8名女同志了。10月，部队一路翻山越岭来到林口县的乌斯浑河边渡口，晚上露宿柞木岗山下。汉奸特务葛海禄向当地的日本守备队告密。日军立即纠集附近的日伪军和警察共千余人，在夜幕的掩护下，摸到部队宿营地周围，埋伏起来，只等天亮时发起攻击。

次日拂晓，战士们整装待发，准备渡河。可是，乌斯浑河激流滚滚，已找不到哪里是渡河渡口。师部领导命令水性较好的金石峰参谋带领8名女战士先行渡河。金参谋为试探河水深浅先向对岸游去，突然敌人枪声大作，8名女战士却被阻隔在河岸边。此时，日伪军开始向抗联战士进攻。战士们借助柳条丛掩护，边打边向柞木岗密林中撤退，日伪军蜂拥而上。正在敌人向大队进攻的紧要关头，敌人的背后突然响起猛烈的枪声。原来，冷云等8名女战士为了掩护大队安全转移，不顾个人生死，从敌人背后猛烈开火。敌人背后遭到袭击，一片混乱。大队趁机集中兵力，发起冲锋，突破敌人的包围圈，潜入密林之中。

敌人追不上大部队，顿时恼羞成怒，气急败坏地向河岸8名女战士猛扑过来。凶恶的敌人步步紧逼8名女战士，企图活捉她们。8名女战士相互搀扶着向河中走去，一边向敌人投掷最后的几颗手榴弹，一边高呼口号："打倒日本帝国主义！"毫不犹豫地继续向乌斯浑河深处走去。敌人这时才醒悟过来，原来英勇抗击使他们遭受重大伤亡的却只是8名抗联女战士。敌人幻想用活命和金钱引诱她们，在河岸上忙乱地奔跑喊叫："回来，回来，金票大大的，生命的保障！"然而回答他们的只有乌斯浑河汹涌的奔流声。日军桥本队长见劝降无望，于是歇斯底里地号叫起来："打！通通地消灭！"罪恶的子弹向女战士们飞去，炮弹呼啸着在她们的身边炸开，掀起巨大波浪，波浪过后再也见不到女英雄们的身影了。

这 8 位巾帼英雄是冷云、胡秀芝、杨贵珍、安顺福、郭桂琴、黄桂清、王惠民、李凤善。其中，冷云年龄最大，23 岁；王惠民最小，才 13 岁。东北抗联第二路军总指挥周保中知晓"八女投江"事迹后，当即题写了"乌斯河畔牡丹江岸应有烈女标芳"。

新中国成立后，为纪念 8 名女烈士，党和政府以"八女投江"为题材拍摄了一部电影《中华儿女》。1988 年，在牡丹江畔建立了一座巨型"八女投江纪念碑"，时任全国政协副主席的康克清为其亲笔题词："八女英灵，永垂不朽。"2009 年 9 月，"八女投江"被评为"100 位为新中国成立作出突出贡献的英雄模范人物"。2014 年 9 月，"八女投江"成为民政部公布的第一批在抗日战争中顽强奋战、为国捐躯的 300 名著名抗日英烈之一。

★ 新四军"刘老庄连"

"刘老庄连"是中国人民解放军原济南军区某部第 4 连的荣誉称号，抗日战争时期为新四军第 3 师第 7 旅第 19 团第 4 连。1943 年，第 4 连 82 名指战员在苏北淮阴的刘老庄与日军进行了一次殊死相搏的血战，全部壮烈牺牲。

1943 年年初，日伪军 2 万余人对苏北等地区发动春季"扫荡"，企图围歼新四军领导机关和主力部队。2 月 17 日，日伪军向盐阜区东坎和八滩地区合击，21日合击阜东和滨海地区，扑空后被迫停止全面"扫荡"，从27日起改为全区"清剿"。

3月17日，涟水之敌偷渡盐河西犯，灌云、东海之敌进至高沟、杨口，徐州守敌增援沭阳，淮阴之敌沿淮（阴）沭（阳）公路北犯，企图围歼新四军淮海区党政机关和主力部队。我军为免遭敌合击，决定突围。新四军第3师第7旅第19团第4连奉命担任掩护淮海区机关和主力部队实施转移的任务。

第4连连长白思才，16岁参加红军，经历过长征和平型关战役，是一名英勇善战的青年指挥员；指导员李云鹏，从江苏丰县师范学校投笔从戎，经过4年战斗考验，已是军政兼优的政工干部；副连长石学富、一排长尉庆忠、二排长蒋元连、三排长刘登甫也都是作战经验丰富的优秀军事干部。

3月18日清晨，第4连82名指战员与日伪军1600余人遭遇。白思才、李云鹏判断这是敌人的一次大规模战斗行动，必须牵制住敌人。按原定计划，他们指挥全连在纵横交错的交通沟内部署展开。上午，敌人发起第一次冲锋，很快就被第4连打退。日军第17师团师团长川岛异常恼火，亲自登上一户农舍屋顶指挥。战斗持续到中午，第4连歼敌近百名，但自己伤亡也很大，战斗人员已不足一半，连长、指导员均已负伤，弹药即将耗尽。在从阵地前沿敌人尸体上搜集弹药的行动中，一排长尉庆忠牺牲。

在生命的最后时刻，白思才和李云鹏代表全连未入党的战士向营党委提出了火线入党的申请。在入党申请书上，留有他们的血手印和签字。连部通信员在入党申请书中写道："在党最需要的时候，我将把自己的生命献给党和人民，绝不给我们党丢脸，绝不给中华民族丢脸！"四班长、党支部委员刘忠胜掏出几张纸币交给指导员李云鹏，决然说道："这是我最后一次党费，请你收下！"在随后进行的白刃战中，第4连指战员全部战死。

在刘老庄激战中，第4连以劣势装备顶住了20倍于己的敌人12个小时一拨又一拨的疯狂进攻，毙敌170余人，伤敌300余人，胜利完成了掩护任务。他们用自己的鲜血和生命在中华民族抗日战争史册上写下了光辉的一页，朱德称赞他们"是我军指战员的英雄主义的最高表现"。

战斗结束后不久，淮阴人民送来82名优秀子弟，重新组建第4连。新四军第7旅旅部将第4连命名为"刘老庄连"。此后，这个连队一直保持着82人的特殊编制。2009年9月，"刘老庄连"被评为"100位为新中国成立作出突出贡献的英雄模范人物"。2014年9月，"刘老庄连"成为民政部公布的第一批在抗日战争中顽强奋战、为国捐躯的300名著名抗日英烈之一。

★ 八路军"狼牙山五壮士"

八路军"狼牙山五壮士"是指在抗日战争时期，在河北省保定市易县狼牙山战斗中英勇抗击日军的5位英雄：马宝玉、葛振林、宋学义、胡德林、胡福才。

1941年9月，日军华北方面军采取"梳篦清剿"的战法，对北岳、平西抗日根据地进行"扫荡"。1941年9月24日，日伪军以3500人的兵力"清剿"狼牙山区，隐蔽在狼牙山区的易县、徐水、满城、涞源4县党政机关、游击队和周围村庄的数万群众被日伪军包围，形势十分严峻。

八路军晋察冀军区第1军分区司令员杨成武立即制定了"围魏救

赵"的作战方案，命令第 3 团、第 20 团佯攻管头、松山、甘河一带日军，促使日军从狼牙山东北方向调兵增援，以便于被围的游击队员与人民群众从狼牙山东北方向突围。

第 1 团团长邱蔚根据此作战方案，将掩护部队和群众转移的任务交给第 7 连。午夜，邱蔚指挥部队及当地群众从盘陀路安全地转移到了田岗、牛岗、松岗一带。清晨，日伪军以为第 1 团已经被包围，在飞机、大炮的掩护下，500 多名日伪军凶猛地向狼牙山方向扑来。

第 7 连战士早就在敌人必经的路上埋下地雷，炸得日伪军丢下 50 多具尸体慌忙地逃了回去。日军指挥官命令部队再次疯狂地向狼牙山方向进攻。激战中，第 7 连战士大部分牺牲，连长刘福山身负重伤，生命垂危。为了让大部队及第 7 连受伤的战士能安全转移，指导员蔡展鹏命第 2 排第 6 班留下断后。

为了拖住并吸引日伪军，第 6 班班长马宝玉带领副班长葛振林、战士宋学义、胡德林、胡福才，边打边向棋盘陀方向撤退，把日伪军引向悬崖绝路。当他们退到棋盘陀顶峰时，子弹已经全部打光，他们就举起石块向日伪军砸去。日伪军发现他们已经没有子弹，蜂拥向山顶冲来，企图活捉他们。

马宝玉、葛振林、宋学义、胡德林、胡福才宁死不屈，为了不让日伪军活捉和防止武器落到日伪军手中，砸碎枪后，高呼"打倒日本帝国主义！""中国共产党万岁！"等口号纵身跳下悬崖。马宝玉、胡德林、胡福才 3 人壮烈牺牲，副班长葛振林、战士宋学义被山崖上的树枝挂住，幸免于难。

马宝玉等 5 名战士的英雄壮举迅速传遍全军全国。1942 年 5 月，晋察冀军区举行了"狼牙山五壮士"命名暨反"扫荡"胜利祝捷大会，晋察冀军区领导机关授予 3 名烈士"模范荣誉战士"称号，并追认胡德林、胡福才为中国共产党党员；通令嘉奖葛振林、宋学义，并授予"勇敢顽强"奖章。

"狼牙山五壮士"用生命和鲜血谱写出一首气吞山河的壮丽诗篇，体现出大无畏的牺牲精神和坚贞不屈的民族气节，晋察冀军区司令员聂荣臻对"狼牙山五壮士"作出高度评价："他们身上体现了中国共产党领导的人民军队的优秀品质，体现了中华民族的英雄气概。"2009年9月，"狼牙山五壮士"被评为"100位为新中国成立作出突出贡献的英雄模范人物"。2014年9月，"狼牙山五壮士"成为民政部公布的第一批在抗日战争中顽强奋战、为国捐躯的300名著名抗日英烈之一。

★ 谢晋元等"八百壮士"

谢晋元等"八百壮士"，是指在淞沪会战中奉命据守上海四行仓库，由副团长谢晋元率领、负责掩护主力部队撤退的国民党军第88师第524团第2营400余名官兵。

谢晋元，1905年生于广东省蕉岭县，1925年12月入黄埔军校第4期。1932年一二八淞沪抗战爆发，他在19路军任营长，率部在闸北、江湾一带与日军血战。

1937年8月13日，驻上海日本海军陆战队向中国军队发动全线进攻，中国驻军第88师当即予以猛烈反击，淞沪会战由此开始。

中国军队广大官兵激于民族义愤，与日军展开全面激战，迫使日军3次增兵，付出了伤亡6万余人的代价。由于中国军队装备落后，加之连日战斗，伤亡过大。10月26日大场失陷，中央作战军和左翼作战军50余万人被迫后撤。

为了掩护主力撤退，第88师师长孙元良命令第524团副团长谢晋元率领第2营"死守上海闸北最后阵地"。谢晋元接到手令后，立即命令第2营营长杨瑞符集合部队进驻苏州河畔的四行仓库，周密设防。从10月27日清晨至31日凌晨，四行孤军400多名官兵连续战斗4昼夜，打退日军10多次疯狂进攻，击毙日军200余人。

中国孤军坚守四行仓库引起了国内国际的关注和尊敬。上海民众冒着炮火在苏州河南岸为守军欢呼叫好，传递情报。在战斗进行得最为激烈的28日午夜，女童军杨惠敏将一面国旗裹在身上，冒着枪林弹雨将国旗送到四行仓库。第二天清晨，沦陷中的整个上海都看到了在重围中高高飘扬的旗帜。

公共租界的英军多次劝说中国军队撤退，27日晨即派两名军官来劝谢晋元解下武装退入租界，并保证官兵的人身安全。对此，谢晋元坚决拒绝，他说："我们的魂可以离开我们的身，但枪不能离开我们的手。没有命令，死也不退。"英国军官听后十分敬佩，称四行孤军为"勇敢的中国敢死队员"。他们又问官兵的人数，为了迷惑敌人，谢晋元答复"八百人"。自此"八百壮士"便名扬天下。

由于距四行仓库100米的苏州河南岸有英商上海煤气公司的两个巨型煤气储气罐。公共租界当局担心战斗继续下去会引起煤气罐爆炸。于是，各国驻沪总领事联名向中国政府提出撤军。10月30日，"八百壮士"只得撤出四行仓库，退入租界。

按中方与租界的商定方案，"八百壮士"撤入租界后将经沪西返回部队，继续参加战斗。不料租界当局屈服于日军压力，违背诺言，将"八百壮士"解除武装，羁留在胶州路一块空地里，四周以铁丝网围困，派白俄士兵看守。上海市民把这里称为"孤军营"。在艰苦的环境里，谢晋元仍然严格督促官兵苦练杀敌本领。

日军要求租界引渡"八百壮士"未果，又多次派人暗杀。1941年4月24日清晨，谢晋元率部早操时，遭到被日军收买的孤军内部4名叛徒持刀袭击，不幸牺牲，年仅 37 岁。同年 12 月 8 日，占领租界的日军随即闯入孤军营，400 多名中国官兵被分批押解到近至杭州、远至大洋洲新几内亚的地方做苦力，大多数客死异乡。

"八百壮士"在四行仓库这块弹丸之地抵挡住上万日军的三面围攻的英雄壮举，收获的不仅是军事上的坚持和国际上的赞誉，更向所有中国人和全世界支持抗战的人们传达了"中国不会亡"的信念。2014 年 9 月，谢晋元等"八百壮士"成为民政部公布的第一批在抗日战争中顽强奋战、为国捐躯的 300 名著名抗日英烈之一。

★ 左　权

左权，中国工农红军和八路军高级指挥员、军事家。1905 年 3 月 15 日生于湖南醴陵黄茅岭一个农民家庭。1924 年 3 月，左权入孙中山的建国陆海军大元帅府军政部陆军讲武学校，同年 11 月转入黄埔军校第 1 期。1925 年 2 月加入中国共产党，后在黄埔军校教导团任排长、连长，曾参加讨伐军阀陈炯明的两次东征。同年 12 月赴苏联，先后在莫斯科中山大学、伏龙芝军事学院学习。

1930 年，左权回国后到中央苏区，任中国工农红军学校第 1 分校教育长，后任新 12 军军长。1931 年 12 月奉命参与联络指导国民党军第 26 路军宁都起义。起义部队改编为工农红军第 5 军团，他被任命为第 15 军政治委员，后任军长兼政治委员，率部参加赣州、漳州等战役。

1933 年 12 月，经毛泽东等建议，军委任命左权为红 1 军团参谋长。1934 年 10 月，他率部参加长征，指挥强渡大渡河、攻占腊子口、直罗战役、东渡黄河等作战。1936 年 6 月，中央任命左权代理红 1 军团军团长，率部参加西征。同年 11 月与聂荣臻等共同指挥了山城堡战役。

抗日战争爆发后，左权历任八路军副参谋长、八路军前方指挥部参谋长，后兼八路军第 2 纵队司令员，协助朱德、彭德怀指挥八路军开赴华北前线作战，开展敌后游击战争，创建抗日根据地。左权善于把握全局，运筹周密，曾参与组织指挥晋东南反"九路围攻"、百团大战、黄崖洞保卫战等重大战役战斗。1938 年冬，他在晋东南主持召开参谋长会议，制定司令部工作条例，健全司令部的机构和工作制度。1940 年 12 月主持召开八路军首次后勤工作会议。还领导创建了黄崖洞兵工厂。

左权在军事理论、战略战术和军队建设方面均有建树，曾与刘伯承合译《苏联工农红军的步兵战斗条令》等军事文章，撰写并公开发表的有《论坚持华北抗战》等文章 40 余篇，现留存有 10 多万字的遗著。从理论和实践的结合上回答了当时执行新的战略方针所遇到的许多问题，对提高部队的战术水平有着重要作用。周恩来称左权是"有理论修养同时有实践经验的军事家"。

1942 年 5 月，日军对太行区实行"铁壁合围"。25 日，左权在山西省辽县麻田附近指挥部队掩护八路军总部转移时，不幸被敌人炮弹击中，以身殉国，年仅 37 岁。1942 年 10 月 10 日，晋冀鲁豫边区党政军民 5000 余人在涉县石门公葬左权，边区政府决定将辽县改名左权县。2009 年 9 月，左权被评为"100 位为新中国成立作出突出贡献的英雄模范人物"。2014 年 9 月，左权成为民政部公布的第一批在抗日战争中顽强奋战、为国捐躯的 300 名著名抗日英烈之一。

★ 彭雪枫

彭雪枫，中国工农红军和新四军杰出指挥员，军事家。1907年9月生于河南省镇平县七里庄，原名彭修道。1925年6月加入中国共产主义青年团。1926年9月转入中国共产党，先后在北京、天津、开封、烟台、上海等地从事秘密工作。1928年9月中旬，为了党的秘密工作的需要，更名"雪枫"。

1930年5月，彭雪枫奉调鄂东南中国工农红军第5军第5纵队，任教导大队大队长、大队政治委员。此后，曾任红3军团师政治委员、红军大学政治委员、江西军区政治委员、陕甘支队第2纵队司令员等职。参加了中央苏区历次反"围剿"和长征。

1936年9月，彭雪枫奉命随叶剑英秘密赴西安，做张学良、杨虎城的统战工作，后又以中共中央代表身份赴兰州会晤甘肃省政府主席、国民党军第51军军长于学忠，与其谈判。10月下旬，他被秘密派往太原等地，做统一战线工作，团结各界爱国人士，联合阎锡山、傅作义等抗日。

1937年8月底，彭雪枫任八路军总部参谋处处长兼驻晋办事处处长。此后不久，八路军主力全部进驻山西，实施战略展开。1938年春，他奉周恩来指示到河南确山县竹沟镇组建部队，兼任中共河南省委军事部部长，参与筹划中原敌后的抗日游击战争。9月，新四军游击支队在竹沟镇成立，彭雪枫任司令员兼政委。1939年7月，中央军委电令八路军第344旅、新编第2旅和新四军第6支队合编为八路军第4纵队，彭雪枫任司令员。后任中共豫皖苏边区委员会书记，转战豫皖苏边界地区，创建抗日根据地。1941年"皖南事变"后，他任新四军第4师师长兼政治委员、淮北军区司令员等职，与邓子恢等领导军民同日伪军及国民党顽固派进行艰苦的斗争，巩固和发展了淮北抗日民主根据地，第4师成为华中抗战的一支劲旅。1944年9月11日，彭雪枫在河南省夏邑八里庄指挥作战时不幸被流弹击中，壮烈牺牲，年仅37岁。

彭雪枫善于总结和探索军事理论，他军事活动的主要论著收入《彭雪枫军事文选》，反映了他在中国革命诸多方面的重要实践和理论贡献。2009年9月，彭雪枫被评为"100位为新中国成立作出突出贡献的英雄模范人物"。2014年9月，彭雪枫成为民政部公布的第一批在抗日战争中顽强奋战、为国捐躯的300名著名抗日英烈之一。

★ 马本斋

马本斋，共产党员，著名抗日英雄，原名马守清，尤素夫·马本斋是他的经名。1901年生于河北沧州献县，自幼家贫，仅念过3年私塾就随父亲外出谋生。

1921年冬，马本斋投身奉军当兵，逐级升至团长。九一八事变爆发后，马本斋愤于蒋介石"攘外必先安内"的反动政策和上司只图自保的军阀本性，毅然弃官离职，回归故乡。

日本发动全面侵华战争后，很快就侵入河北献县一带。马本斋立即组织回民抗日义勇队，奋起抵抗侵略者。1938年年初，马本斋率队加入河北游击军，编为冀中回民教导队。1938 年 4 月，所部改编为冀中军区回民教导总队，他任总队长。10 月，马本斋光荣地加入了中国共产党。

1939 年，回民教导总队改编为八路军第三纵队回民支队，马本斋任司令员。他领导回民支队在河间、青县、沧县地区转战，并在各大清真寺帮助"回民抗战建国会"组织伊斯兰小队，开展敌后游击战争。在反击日军对冀中根据地的"扫荡"中，马本斋率部与贺龙、关向应率领的 120 师协同作战，消灭土匪武装六路军 700 余人，缴获步枪 600 余支。

1940 年的康庄战斗中，马本斋指挥部队向敌军猛烈进攻，半小时的战斗，除六七个伪军逃跑外，其余 50 余人全部歼灭，缴获大炮 1 门，重机枪 1 挺，轻机枪 2 挺，步枪 60 余支，马 10 余匹，以及许多弹药。

1940 年 10 月，冀中军区奖给马本斋领导的回民支队一面锦旗，上写"打不烂，拖不垮，攻无不克的铁军"。毛泽东也给予高度评价，亲笔题写："百战百胜的回民支队"。

1941 年 8 月 27 日，日军抓走了马本斋的母亲白文冠，企图逼降素有孝子之名的马本斋。同时，以马母为诱饵，诱使马本斋率部来救，趁机消灭回民支队。日军用种种手段逼迫马母给马本斋写劝降信，深明大义的马母宁死不屈，绝食 7 天，以身殉国。回民支队指战员纷纷请战，要为马母报仇。马本斋沉痛地写下誓言："伟大母亲，虽死犹生，儿承母志，继续斗争！"

1942 年春，日伪军频繁在回民支队活动的建国、交河、献县一带"清乡""扫荡"，给回民支队造成很大的困难。马本斋在极端困难的情况下，率领队伍打伏击，袭据点，英勇奋战。5 月 1 日，日军华北派遣军司令官冈村宁次指挥 5 万步兵，800 辆汽车及部分坦克和骑兵，对冀中根据地进行空前规模的大"扫荡"。为了减轻日伪军对我中心区的压力，回民支队奉命打泊镇，袭交河，转移视线。而后戳破铁壁合围的口袋阵，跳出日伪军的包围圈，胜利转移到冀鲁边区。

1942 年 10 月，回民支队奉命开赴鲁西北，马本斋被任命为冀鲁豫军区第三军分区司令员兼回民支队司令员。回民支队作为第三军分区的主力部队，担负起了保卫、巩固和发展鲁西北抗日根据地的艰巨任务。

1937—1944 年，马本斋率领回民支队经历大小战斗 870 余次，歼灭日伪军 3.6 万余人，打得敌人闻风丧胆。1944 年 2 月，回民支队接到开赴陕甘宁边区的命令。在随部队开赴延安途中，马本斋带状疱疹发作，又感染肺炎，于 2 月 7 日不幸病逝，终年 43 岁。

2 月 17 日，延安各界 300 多人在清真寺举行马本斋追悼大会。毛泽东、周恩来、朱德曾分别为他题挽词："马本斋同志不死""民族英雄，吾党战士""壮志难移，汉回各族模范；大节不死，母子两代英雄"。2009 年 9 月，马本斋被评为"100 位为新中国成立作出突出贡献的英雄模范人物"。

★ 高志航

高志航，抗日战争期间著名的空军抗日英雄、民族英雄，中国空军驱逐机部队司令兼第 4 航空大队大队长。1908 年出生于吉林省通化县。1920 年投笔从戎，考入东北陆军军官教育班。1924 年东北军扩建空军后，他报名赴法国学习飞行。从 1926 年开始主修驱逐机专科，毕业后又授军士衔前往南锡的法国陆军航空队第 23 驱逐团见习。学成回国后，被任命为东北航空处飞鹰队少尉驾驶员，旋转任东北航空教育班少校教官。

九一八事变后，高志航只身一人化装入山海关，后经留法同学介绍，到杭州笕桥中央航校高级班接受短期培训。结业后因其东北军身份受到排挤，只能作为一名无单独飞行资格的空军少尉见习。但他通过刻苦自修，很快掌握了在国际上堪称一流的夜间不打灯起飞、倒飞和弧形飞等飞行绝技。随后成为航校驱逐机班的上尉教官，半年后又晋升空军教导总队少校总队附。

1936 年 10 月 31 日，航委会特别在南京举行了一次有英、德、意等国空军参加的空战技术和飞行特技表演。当时正留守杭州的高志航闻讯后，主动驾机前往参加，凭借自己高超的飞行技术征服了观众，声名大振。不久，高志航奉国民政府之命前往意大利购买战机。然而，该国军火商却以大笔金钱向他行贿，企图推销一些落后的机型，遭到了他的断然拒绝。在他的努力下，转而改向美国购回了 100 架"霍克式"驱逐机。回国后，政府随即组建了 5 个飞行大队，任命他为第 4 大队队长，并晋升中校。

1937 年 8 月，淞沪会战爆发。14 日，日军大型轰炸机若干向笕桥方向而来，高志航率队立刻驾机起飞，击落日机 1 架，这是中国空军首次击落日机。在 10 多分钟的空战中，第 4 大队共击落日机 3 架，击伤 1 架，而自己仅有 1 架战斗机轻伤，首创中国空军抗战中一次空战 3：0 的光辉战绩。

8 月 15 日晨，日本海军航空队第 2 航空战队派出多批 34 架飞机从"加贺号"航母上起飞袭向杭州。高志航在空战中击落日机 2 架，后左臂中弹返回机场。出院后，晋升为空军驱逐机上校司令，专责南京防空任务，指挥第三、第四、第五航空大队，并兼任第四航空大队大队长，第四航空大队亦被命名为"志航大队"。

11 月，高志航奉命赴兰州接收苏联援华的战机。根据命令，他率援助的战机飞至周家口，因天气恶劣，留原地待命。21 日，周家口机场接到报告，有 11 架日机向该机场飞来。他立即下令作战，然而此时日军战机已飞至机场上空，在日机的俯冲轰炸下高志航登上座机，刚进入机舱就被早有准备的日军战机投下的炮弹击中而殉国，时年 30 岁。牺牲时，高志航的双手还紧紧握着飞机的操纵杆。

国民政府和军委会追授高志航少将军衔。追悼会由蒋介石亲自主持，并敬献花圈致哀，上书"高志航英雄殉国，死之伟大，生之有威，永垂千古"。周恩来也参加了追悼会，称赞高志航"是中华民族的英雄，为抗日牺牲的，为民族牺牲的"。2014 年 9 月，高志航成为民政部公布的第一批在抗日战争中顽强奋战、为国捐躯的 300 名著名抗日英烈之一。

★ 张自忠

张自忠，字荩臣，后改荩忱，抗日战争期间任第五战区右翼兵团兼第 33 集团军总司令，中国国民党上将衔陆军中将，追授二级上将衔，著名抗日将领、民族英雄。1891 年 8 月出生于山东省聊城市临清县。辛亥革命爆发后，张自忠秘密加入同盟会，投身革命运动。后加入冯玉祥部队，先后参加了直奉战争、中原大战等。

1931 年 1 月 16 日，西北军残部正式编成东北边防军第 3 军，宋哲元任军长，张自忠任第 38 师师长。同年 6 月，南京政府开始整编全国陆军，第 3 军改番号为第 29 军。1933 年 1 月 10 日，第 29 军主力奉命由山西阳泉开赴通州、三河、蓟县、玉田待命抗击日军。3 月 4 日承德失陷后，29 军奉命赴喜峰口阻敌，张自忠抵达遵化三屯营与日军激战 7 日，阻止了日军前进。卢沟桥事变爆发后，张自忠曾短暂代理冀察政务委员会委员长与北平市市长，舆论界一度认为他为"汉奸"。8 月 6 日，张自忠偕副官躲进了东交民巷德国医院；同时通过《北平晨报》等媒体发表声明，宣布辞去所有代理职务。9 月 3 日，张自忠逃离北平。

南京中央政府于 12 月迁至武汉后，任命张自忠为第 59 军军长，编入第一战区战斗序列。1938 年 1 月，第 59 军改由第五战区节制，任机动预备队。日军为打通津浦铁路，第 13 师团进攻淮河一线，突破第 51 军的防线，在淮河北岸建立了桥头堡。张自忠率第 59 军奉命前往救援，于 2 月 15 日抵达前线，对日军展开攻击。至 22 日，日军在淮河北岸要点小蚌埠被第 59 军收复，第 13 师团被迫退回淮河南岸，两军遂在淮河一线对峙。3 月，第 59 军会同庞炳勋部两度与日军第 5 师团展开战斗，最后迫其往东北方向撤退。临沂一战阻隔了日军第 5 师团与第 10 师团，使之无法合流进攻徐州。后第 10 师团在台儿庄被重创，是为台儿庄大捷。张自忠亦因功升任第 27 军团军团长兼第 59 军军长，辖第 59、第 92 军。

10 月 12 日，张自忠升任第 33 集团军总司令，仍兼第 59 军军长。11 月 13 日，张自忠又被任命为第五战区右翼兵团总指挥，所辖部队除第 33 集团军外，还包括第 29 集团军、第 28 军团、江防军及若干独立部队等，司令部设于荆门。

1939 年 3 月，由于在京山一役击退日军，国民政府加张自忠上将衔，并颁四等宝鼎勋章。5 月 1 日，日军第 11 军向襄河以东的随县与枣阳进攻。张自忠率第 59 军渡河，击退日军，切断了日军交通线，迫使日军撤退。该役之后定名为随枣会战。1940 年，枣宜会战爆发。5 月 16 日，张自忠亲率部队与日军在方家集激战。张部随身官兵仅 2000 人，而日军步骑兵在 4000 人以上，炮 20 余门，被日军包围于南瓜店。部队伤亡殆尽，张自忠在枪林弹雨中指挥战斗，身中数弹，仍誓不后退，最终壮烈殉国。

张自忠殉国后，国民政府明令褒扬特予国葬，追赠陆军二级上将。1982 年 4 月 16 日，中华人民共和国民政部追认张自忠为革命烈士。2009 年 9 月，张自忠被评为"100 位为新中国成立作出突出贡献的英雄模范人物"。2014 年 9 月，张自忠成为民政部公布的第一批在抗日战争中顽强奋战、为国捐躯的 300 名著名抗日英烈之一。

★ 戴安澜

戴安澜，著名的爱国抗日将领，原名戴炳阳，字衍功，自号海鸥。1904 年 11 月 25 日生于安徽省无为县，1924 年加入国民革命军，因作战英勇，有勇有谋，1925 年被保送至黄埔军校第 3 期学习。

1933 年的古北口战役中，身为第 17 军 25 师 145 团团长的戴安澜率部与日寇浴血奋战，虽众寡悬殊，死伤相继，仍坚守阵地，予敌重创，毙敌不下 2000 人。1938 年 3 月的台儿庄战役中，戴安澜指挥第 73 旅火攻陶墩，智取朱庄，阻击援敌，迫使台儿庄敌军撤退。1938 年 8 月，戴安澜率部参加武汉会战，痛击从九江进犯的日军第 9 师团，使日军损失惨重，战后获记大功一次。

1939 年 1 月，戴安澜接替杜聿明升任第 5 军 200 师师长。11 月的昆仑关战役，戴安澜的第 200 师和郑洞国的荣誉第 1 师奉命正面主攻昆仑关。战斗中，戴安澜一马当先，亲率两个团，使用大刀向界首之敌发起进攻，经数日激战，在友军配合下取得歼敌数千的重大胜利，戴安澜冲锋时受伤，被抬下昆仑关。此役，戴安澜指挥的第 200 师因战功卓著，获国民政府集体嘉奖一次，戴安澜因指挥有方和重伤不下火线，荣获四级青天白日宝鼎勋章一枚，被蒋介石称赞为"当代之标准青年将领"。

太平洋战争爆发后，中国军队组成远征军入缅对日作战。1942年3月8日，戴安澜率领的第200师奉命抵达缅甸同古，接替英军防务并掩护其撤退。在同古保卫战中，日军向第200师发起步兵、炮兵和空军的联合进攻。面对疯狂的日军，戴安澜立下遗嘱："如师长战死，以副师长代之。副师长战死，以参谋长代之。参谋长战死，以某团团长代之。"表达了和部队坚守阵地，誓与同古共存亡的决心。戴安澜率领第200师官兵孤军奋战12天，沉重打击了日军的嚣张气焰，终因联络和给养被切断，于3月29日奉命撤退待命。

5月18日，在穿越西保、摩谷公路的封锁线时，第200师遭到日军伏击，戴安澜率部奋战，胸部、腹部各中一弹，伤势严重。至26日晚，因为无药品、药棉可换，戴安澜的伤口迅速化脓、严重溃烂，在缅北茅邦村伤重殉国，年仅38岁。

同年秋，国内为戴安澜举行了隆重的追悼会，毛泽东赠送挽词：外侮需人御，将军赋采薇。师称机械化，勇夺虎罴威。浴血东瓜守，驱倭棠吉归。沙场竟殒命，壮志也无违。10月16日，国民政府追赠戴安澜为陆军中将。同年7月20日，美国总统罗斯福授予戴安澜将军军功勋章，以表彰他在缅甸战役中的显著战绩和为中国陆军建树的卓越声誉。1956年9月，中央人民政府内务部追认戴安澜为革命烈士。2009年9月，戴安澜被评为"100位为新中国成立作出突出贡献的英雄模范人物"。2014年9月，戴安澜成为民政部公布的第一批在抗日战争中顽强奋战、为国捐躯的300名著名抗日英烈之一。

★ 佟麟阁

佟麟阁，原名凌阁，字捷三，1892 年生，河北省高阳县人。1937年七七事变时，指挥第 29 军浴血抗战，喋血南苑，壮烈殉国，是全面抗战爆发后捐躯疆场的第一位中国军队高级将领。

佟麟阁 20 岁投笔从戎，入伍于冯玉祥麾下，曾参加护国讨袁战争，屡立战功，深为冯玉祥器重，先后任连长、营长、团长、师长等职。1930 年中原大战，冯玉祥讨蒋失败后不久，佟麟阁与冯玉祥解甲归田，寻求救国之路。

九一八事变后，1932 年佟麟阁应国民革命军陆军第 29 军军长宋哲元的邀请，出山任职。1933 年日军占山海关后，宋哲元任命佟麟阁为张家口警备司令，安定后方。1933 年 5 月，冯玉祥在张家口组织察哈尔抗日同盟军，佟麟阁任同盟军第 1 军军长兼代察省主席，领导对日作战，保卫察省，收复失地。同盟军被迫撤销后，佟麟阁深感抗日之志未遂，退居北平香山，以待报国之机。

宋哲元担任冀察政务委员长后，任命佟麟阁为第 29 军副军长兼军事训练团团长，负责军事，坐镇南苑。七七事变爆发后，佟麟阁以副军长之职负责卢沟桥作战指挥，以军部名义向全军官兵发出命令：凡是日军进犯，坚决抵抗，誓与卢沟桥共存亡，不得后退一步。1937年 7 月 28 日，北平大战开始。日寇调集数万日军在飞机和坦克的掩护下，分别向北平、天津以及邻近各战略要地大举进攻。北平城外的南苑，即佟麟阁所在的第 29 军司令部遭受 40 余架日机的轮番轰炸，并有日军 3000 人的机械化部队从地面发动猛烈攻击。

佟麟阁将军率部不畏强敌，奋勇抵抗。日军依仗其武器装备的优势，将 29 军切成数段，分割包围。中国军队处于各自孤军作战之境地。部队在日军炮火和飞机的狂轰滥炸下，损失惨重。佟麟阁率部誓死坚守阵地，指挥第 29 军拼死抗击。后奉命向大红门转移，途中再遭日军包围，在组织部队突击时，被机枪射中腿部。部下劝其退下，他执意不肯，说"个人安危事小，抗敌事大"，仍率部激战，头部再次受重伤，流血过多，壮烈殉国，时年 45 岁。

1937 年 7 月 31 日，国民政府追赠佟麟阁为陆军上将。1946 年 7 月 28 日，国民政府又以隆重的国葬，将佟麟阁将军的灵柩从柏林寺移葬于北平香山兰涧沟的坡地上，并将北平市西城区的一条大街更名为佟麟阁路，以示纪念。中华人民共和国成立后，佟麟阁将军被追认为革命烈士。北京市人民政府对北京香山脚下的佟麟阁烈士墓进行了多次修缮。2009 年 9 月，佟麟阁被评为"100 位为新中国成立作出突出贡献的英雄模范人物"。2014 年 9 月，佟麟阁成为民政部公布的第一批在抗日战争中顽强奋战、为国捐躯的 300 名著名抗日英烈之一。

★ 赵登禹

赵登禹，字舜臣，1898 年生，山东菏泽人。1937 年七七事变后指挥第 132 师浴血抗战，喋血南苑，壮烈殉国，是全面抗战爆发后牺牲的第一位师长。

赵登禹 1914 年加入冯玉祥的部队，后任冯的随身护兵。1926 年参加北伐。1933 年任第 29 军第 37 师第 108 旅旅长，后任第 29 军第 132 师师长。

　　1933 年年初，日军将战火引到了长城一线，企图侵占华北。赵登禹奉命率领第 108 旅从蓟县出发，把守喜峰口阵地。面对日军的猛烈攻击，赵登禹率领战士多次与日军展开肉搏战，击退了日军的攻击，坚守住了长城阵地。3 月 10 日，日军逼近喜峰口。赵登禹率部星夜跑步急行军 40 华里，在日军之前抵达喜峰口并将敌先头部队击退。战斗中，赵登禹腿部被炸弹击伤，但仍裹伤出击率部与敌肉搏相拼。最终取得喜峰口战役胜利。长城抗战后，第 29 军被调回察哈尔省驻防，赵登禹因战功卓著被擢升为 132 师师长，并被授予陆军中将军衔。1935 年 8 月，第 29 军被调到北平地区驻防。

　　1937 年 7 月 7 日，卢沟桥事变爆发，日军进攻宛平城，第 29 军奋起反击。29 军军长宋哲元任命赵登禹为南苑指挥官，坐镇南苑，与副军长佟麟阁一起负责指挥南苑的所有军事力量。7 月 28 日，日军调集重兵并动用 40 多架飞机向 29 军阵地发起猛攻，由于敌我力量相差悬殊，中国军队伤亡较大，日军从东、西两侧攻入南苑，双方陷入肉搏战。此时，赵登禹临危不惧，亲自率卫士 30 余人，指挥 29 军卫队旅和军训团学生队与日军进行激烈的厮杀。后奉命指挥部队撤往大红门一带，途中遭到日军机枪火力封锁打击，赵登禹乘坐车子行驶到大红门附近的御河桥时被炸毁，赵登禹身受重伤。警卫劝其立即撤退到安全地带，赵登禹不肯，带领部队继续向日军反击。后被一枚炸弹炸断双腿导致昏迷。赵登禹醒来后对传令兵说："不要管我，你回去告诉北平城里的我的老母，她的儿子为国死了，也算对得起祖宗，请她老人家放心吧！"说完就停止了呼吸。年仅 39 岁。

　　1937 年 7 月 31 日，国民政府颁布褒奖令，追赠赵登禹为陆军上将。抗战胜利后，按照赵登禹生前所说"军人抗战有死无生，卢沟桥就是我们的坟墓"，将赵登禹将军的忠骸从北平迁葬于卢沟桥畔，并将北平市

的一条街道改名为赵登禹路，以示纪念。中华人民共和国成立后，给赵
登禹将军的家属颁发了由毛泽东签署的烈士证书。1980 年，北京市人
民政府将"文化大革命"中遭毁的赵登禹墓重建于卢沟桥城东关文子
山，墓碑正面镌刻着："抗日烈士赵登禹将军之墓（1898—1937）"。之
后，又对赵登禹烈士墓进行了多次修缮，并列为重点烈士纪念建筑保护
单位。2009 年 9 月，赵登禹被评为"100 位为新中国成立作出突出贡献
的英雄模范人物"。2014 年 9 月，赵登禹成为民政部公布的第一批在抗
日战争中顽强奋战、为国捐躯的 300 名著名抗日英烈之一。

★ 白求恩

　　亨利·诺尔曼·白求恩（Henry Norman Bethune），加拿大共产党
员，著名胸外科医生。1890 年生于加拿大安大略省，多伦多大学医科
毕业，曾任蒙特利尔皇家维多利亚医院外科医师和圣心医院胸外科主
任，1936 年曾为反法西斯的西班牙人民服务。

　　1938 年 1 月，白求恩受加拿大共产党和美国共产党的派遣，率医
疗队抵达中国。

　　3 月到达延安，毛泽东曾与他进行亲切的谈话。他跟毛泽东说，他
最能发挥作用的方式，就是组织战地医疗队。白求恩有过战地医生的
经历，在西班牙，他在战场上火线抢救伤员，发现如果经过及时治疗，
有 75% 的伤员都可以挽回生命。这就是说，医疗队必须到前线去，到
战壕附近去。毛泽东同意了白求恩的请求。

　　1938 年 5 月，白求恩率医疗队由八路军驻地陕北的清涧出发，到

达神木贺家川八路军第 129 师重伤员收容所。在这里，白求恩对重伤员进行检查处理后，继续深入根据地，于 6 月到达晋察冀边区，在五台金刚库受到晋察冀军区司令员聂荣臻的接见。后来，白求恩又不顾个人安危，多次穿过日军的封锁线，进入极其危险的冀中平原为八路军救治伤员。在他的努力下，147 名伤病员恢复了健康，重新回到了抗日前线。战斗最激烈的时刻，也是白求恩最忙碌的时刻，为了挽回战士的生命，他曾经连续为 115 名伤员施行手术，长达 69 个小时没有休息。

白求恩被任命为晋察冀边区卫生部顾问以后，想方设法举办卫生训练班，为根据地培训了一批又一批医疗卫生骨干。

1938 年 8 月，在山西五台县松岩口村，在白求恩指导下，八路军第一所模范医院正式建成。这是一所军民合作医院，科室正规、分工明确、管理规范。

9 月 15 日，松岩口模范医院举行开幕典礼，白求恩现场给医务人员授课，讲授解剖学、创伤治疗法、生理学等医学知识。在白求恩提议下，模范医院设立了附属卫生学校。他还编写了世界上第一本游击战医疗手册——《游击战中师野战医院的组织和技术》。

1939 年 10 月下旬，在河北涞源县摩天岭战斗中，白求恩抢救伤员时，中指被手术刀割破，发生感染，后来伤势恶化转为败血症，于 11 月 12 日在河北唐县黄石口村逝世，终年 49 岁。

白求恩逝世的消息令聂荣臻以及接受过他治疗或者和他一起工作过的人无不泪下。晋察冀边区政府为他举行了隆重的葬礼。在河北唐县军城村修建了白求恩墓。1939 年 12 月 21 日，毛泽东写了《纪念白求恩》一文，高度赞扬了白求恩高尚的国际主义精神、共产主义精神，称颂他是"一个毫无利己的动机，把中国人民的解放事业当作他自己的事业"的外国人，号召每一个中国共产党党员向他学习。

白求恩逝世后，为了发扬白求恩精神，1939 年 12 月 1 日，八路军总部颁布命令，将八路军设在延安的军医院改名为"白求恩国际和平医院"。白求恩不仅为中国抗战作出了贡献，他的精神也影响了一代又一代的中国人。2009 年 9 月，白求恩被评为 "100 位为新中国成立做出突出贡献的英雄模范人物"。2014 年 9 月，白求恩成为民政部公布的第一批在抗日战争中顽强奋战、为国捐躯的 300 名著名抗日英烈之一。

★ 柯棣华

柯棣华原名德瓦卡纳思·桑塔拉姆·柯棣尼斯（Dwarkanath Shantaram Kotnis），中国共产党党员，著名外科医生，国际主义战士。1910 年出生于印度孟买省，1936 年从格兰特医学院毕业，获医学学士学位。

1938 年 9 月 17 日，由柯棣华等 5 名印度医生组成的援华医疗队到达广州，受到宋庆龄等中国朋友的热烈欢迎。从广州到武汉，再到重庆，柯棣华和同伴们一路耳濡目染，深刻认识到中国共产党是中国人民的希望。于是，他们多次请求到延安去，到八路军中去工作。为了表达与中国抗战休戚与共的决心，他们每人都特意起了一个中文名字：柯棣华、爱德华、卓克华、木克华、巴苏华。

1939 年 1 月 16 日，柯棣华接到父亲去世的消息。大家都劝他回国料理后事，他强忍悲痛说："我的家庭确实遭到了巨大的不幸，但这里千千万万无辜受难的人民更需要我。在我没有实现我向印度国大党所做的保证——至少在中国工作满一年之前，我决不回印度。"

2 月 12 日，医疗队抵达延安，受到了各界隆重欢迎和毛泽东的亲切接见。随后，柯棣华被派到延安东北30里外的拐峁医院做外科医生。后来，他主动要求上前线工作，并到了晋东南抗日根据地，主动随武装部队进行战场救护，夜以继日地工作在硝烟弥漫的前线。1940年9月，当晋察冀军区进行涞水战役时，柯棣华奉命出发去南线负责阵地救护工作。在13天的战斗中，他接收了800余名伤病员，其中施行手术的达558人。他3天3夜未曾睡觉，始终坚守岗位。

1941年1月，晋察冀军区白求恩国际和平医院建成，柯棣华被任命为首任院长。上任后，他领导制定了切实可行的管理制度，如建立伤病员班排组织、领导干部轮流查房、医生护士每周一次工作汇报会、战地救护医疗组等等。一位来该院参观的英国教授称赞说："在如此之艰难环境中能创造出第一流的成就，这才是真正的科学家！"柯棣华对医术精益求精，待人热情，无微不至关怀伤员，把自己当成普通战士。反"扫荡"时医院转移，他拒绝让人照顾，拖着有病的身体，跟队伍一起行动，还不停地照顾伤员。

1941年柯棣华提出申请加入中国共产党。在1942年7月7日抗战五周年纪念日，晋察冀军区党委批准柯棣华加入中国共产党的请求。入党后，柯棣华工作更加勤奋。这年秋天，他写完《外科总论》讲义，接着编写《外科各论》，准备年底完稿。然而，艰苦的生活条件，繁重的工作，使他的健康每况愈下。

1942年12月8日，柯棣华在编写讲义时突然发病，不幸逝世，年仅32岁。毛泽东亲笔为柯棣华题写挽词："全军失一臂助，民族失一友人。"

1943年春，柯棣华被安葬在白求恩墓左侧，朱德为柯棣华陵墓题词："生长在恒河之滨，斗争在晋察冀，国际主义医士之光，辉耀着中印两大民族。"柯棣华把中国解放事业当成自己的事业，用生命谱写了一曲伟大的国际主义赞歌。

★ 斯　诺

埃德加·斯诺（Edgar Snow），美国著名的进步记者和作家，中国人民的忠实朋友。1905 年生于美国密苏里州堪萨斯城，毕业于密苏里大学新闻学院。1928 年，斯诺来到中国上海，任《密勒氏评论报》助理主编。九一八事变后，他先后在东北、上海采访，发表报道通讯集《远东战线》，客观报道了中国人民遭受的苦难。

1933 年春，斯诺在北平安家。第二年年初，斯诺以美国《纽约日报》驻华记者身份应邀兼任燕京大学新闻系讲师，他积极支持和保护学生的爱国热情，他家成为许多爱国进步学生的活动场所，黄华、姚依林、黄敬等人都是他家的常客。

1936 年 6 月，在宋庆龄和中共华北地下党组织的帮助和安排下，斯诺首次访问陕甘宁边区，采访了毛泽东、周恩来、朱德、张闻天、彭德怀等多位中共领导人和红军将领。其中，毛泽东和斯诺长谈 5 次，议题涉及外交、抗日、内政、土地政策和教育、共产国际、苏联和外蒙古等问题。10 月末，斯诺回到北平，随即发表了大量通讯报道，向北大、清华、燕大的青年学生介绍陕北见闻，让国统区青年看到了毛泽东、朱德、周恩来等中共领导人和红军将领的形象。10 月，《红星照耀中国》在英国伦敦公开出版，最早向全世界详细报道了中国共产党和红军的真实情况，影响甚大。1938 年 2 月，《红星照耀中国》中译本以《西行漫记》为名在上海正式出版，让更多的中国人重新认识了中国共产党和中国工农红军。

　　七七事变后，日军在北平大肆搜捕、迫害中国的抗日志士和革命青年。斯诺参加了外国人（欧美）援华社会团体，积极掩护和帮助中国的爱国者免遭日军捕杀，想方设法帮助他们逃出北平。当时在北平治病的邓颖超正是在斯诺护送下脱离险境的。

　　1941年，斯诺回到美国，曾3次到白宫面见罗斯福总统。每次会晤他都强调美国应力促国民党与共产党的合作，共同抗击侵略者，携手建设新中国。此后，他不遗余力地向美国人民和世界人民宣传中国的抗日战争。

　　中华人民共和国成立后，斯诺对中国进行了3次长期访问。1970年8月14日，斯诺最后一次访问中国。10月1日，斯诺夫妇应邀与毛泽东主席一起登上天安门城楼检阅游行队伍。12月18日，毛泽东在北京中南海书房里接待了斯诺。毛泽东在谈到中美关系时告诉斯诺：如果理查德·尼克松访问中国，无论是以旅游者的身份还是以总统的身份都会受到欢迎。1971年4月30日，斯诺在瑞士的《生活》杂志发表《与毛泽东的谈话》，传达了毛泽东的信息。

　　1972年2月15日，就在尼克松前往北京的同一个星期，斯诺因病逝世。毛泽东、周恩来、宋庆龄等分别致电吊唁。毛泽东在唁电中说："斯诺先生是中国人民的朋友，他一生为增进中美两国人民之间的友谊进行了不懈的努力，作出了重要的贡献。他将永远活在中国人民的心中。"按照斯诺的遗愿，他的骨灰一半安葬在北京大学未名湖畔。2009年9月，斯诺被评为"100位为新中国成立作出突出贡献的英雄模范人物"。

★ 库里申科

　　格里戈里·库里申科，1903 年出生于乌克兰，是苏联空军飞行大队队长。1939 年，他受苏联政府派遣，率轰炸机大队来到中国援助抗日。他不知疲倦地向中国飞行员详细讲解飞机性能、特点，并把操作技术传授给中国飞行员。

　　1939 年 8 月 15 日，库里申科率队轰炸日军驻武汉的汉口机场，但在武汉上空，他们却遭遇多架敌机围攻，虽击落 6 架敌机，但库里申科却受了重伤。他的座机左侧发动机也被击中。库里申科用单发动机冲出重围，沿长江返航。当飞到四川万县上空时，飞机失去控制。为了保障机组其他成员的生命安全，库里申科把飞机迫降在长江中。机组其他成员获救，库里申科却因伤势过重，无力泅渡而牺牲。

　　11 月 3 日，库里申科遗体被打捞出水，安葬在重庆万县太白岩书院旁。1958 年 7 月 7 日，万县人民委员会在西山公署内新建了库里申科烈士墓。墓前碑文用中、俄文写了这样一段话："在抗日战争中为中国人民而英勇牺牲的苏联空军志愿队大队长格里戈里·阿基莫维奇·库里申科之墓。"苏联政府的援助和空军志愿队为中国抗战所做的牺牲和贡献永远铭记在中国人民心中。2009 年 9 月，库里申科被评为"100 位为新中国成立作出突出贡献的英雄模范人物"。2014 年 9 月，库里申科成为民政部公布的第一批在抗日战争中顽强奋战、为国捐躯的 300 名著名抗日英烈之一。

后　记

　　2023 年是中国人民解放军建军 96 周年，2025 年是中国人民抗日战争胜利 80 周年，在此期间，八路军研究会倾力组织编写的《大抗战知识问答》一书出版了！

　　在本书编写、审稿和出版过程中，得到了中共中央宣传部和统战部，以及中国人民解放军军事科学院研究人员的大力支持和精心审核，学习出版社付出了辛勤努力，谨表示诚挚的谢意！同时特别感谢山西潞宝集团和北京神州农兴科技发展有限责任公司提供的热情帮助。

八路军研究会

2023 年 11 月